知识生产的原创基地

BASE FOR ORIGINAL CREATIVE CONTENT

颉腾商业

JIE TENG BUSINESS

创新书系

开放式创新实践

[美] 斯蒂芬·林德加德（Stefan Lindegaard） 著
赵萌 蔡敏 译

THE OPEN INNOVATION REVOLUTION

ESSENTIALS, ROADBLOCKS, AND LEADERSHIP SKILLS

SPM 南方传媒 | 广东经济出版社
·广州·

Title: The Open Innovation Revolution: Essentials, Roadblocks, and Leadership Skills
by Stefan Lindegaard, ISBN: 9780470604397

图书在版编目（CIP）数据

开放式创新实践 /（美）斯蒂芬・林德加德著；赵萌，蔡敏译 . —广州：广东经济出版社，2022.8

ISBN 978-7-5454-8257-7

Ⅰ . ①开… Ⅱ . ①斯… ②赵… ③蔡… Ⅲ . ①企业创新 Ⅳ . ① F273.1

中国版本图书馆 CIP 数据核字（2022）第 125512 号

版权登记号：19-2022-010

策　　划　颉腾文化　　　　责任编辑　刘燕　王春蕊　李沁怡
封面设计　Colin

开放式创新实践
KAIFANG SHI CHUANGXIN SHIJIAN

出 版 人　李　鹏
出版发行　广东经济出版社（广州市环市东路水荫路 11 号 11 ～ 12 楼）
经　　销　全国新华书店
印　　刷　北京市荣盛彩色印刷有限公司（河北省保定市涿州市常家庄村）
开　　本　710 毫米 ×1000 毫米　1/16
印　　张　15
字　　数　215 千字
版　　次　2022 年 8 月第 1 版
印　　次　2022 年 8 月第 1 次
书　　号　ISBN 978-7-5454-8257-7
定　　价　79.00 元

图书营销中心地址：广州市环市东路水荫路 11 号 11 楼
电话：（020）87393830 邮政编码：510075
如发现印装质量问题，影响阅读，请与本社联系
广东经济出版社常年法律顾问：胡志海律师

Praise for this book | 本书赞誉

《开放式创新实践》从开放式创新领域全球顶尖专家的角度，（为读者）提供了一个绝佳的、极具实践性的概览，介绍了在开放式创新方面取得成功所需的战略和技能。

——罗兰·哈伍德（Roland Harwood）

NESTA 开放式创新总监、100% Open 联合创始人

《开放式创新实践》能够为任何利用开放式创新模式的人提供优质参考。斯蒂芬帮助我们了解开放式创新，以及在社交网络开放式创新文化中所需的人才和技能。

——谢里尔·铂金斯（Cheryl Perkins）

Innovationedge 创始人兼总裁

对于有兴趣在新时代重塑研发的从业人员来说，这是头等重要资源。

——克里斯·特林布尔（Chris Trimble）

《创新的另一面》（*The Other Side of Innovation*）合著作者，

达特茅斯大学塔克商学院工商管理兼职副教授

每个企业的内部创业者（Intrapreneurs）都需要知道，他/她面临的挑战并不像最初看上去的那么独特和艰巨。“不创新就死亡”是当今面临全球竞争海啸的西方企业的口号。本书是21世纪版的《孙子兵法》，内容质量高，例子巧妙。内部创业读者将成为一个跨越行业、跨越国界，且具有共同目标的群体。

——肯·莫尔斯（Ken Morse）

麻省理工学院创业中心创始董事，代尔夫特理工大学创新、创业与竞争力主席

Preface | 序言

我经常听到初创企业的企业家对在大企业工作的内部创业者表示羡慕。根据那些苦苦挣扎、自力更生的创业者的说法，内部创业者的规模很大，他们被认为拥有企业家所没有的一切：充足的资本、舒适的基础设施和成熟的家族品牌（umbrella brand，亦称“伞品牌”，与子品牌相对，意指企业生产的所有产品均使用一个品牌，以充分发挥名牌效应的策略）。在这种环境下，谁不能成功呢？

这个观点忽略了许多内部创业者在生活中每天都要面对的两大严酷事实。首先，他们并不是直接管理企业的金库，而是经常需要拼命争取必要的财力和人力资源，以确保项目顺利启动、继续推进。其次，他们要面对一群竭力维护企业现状的人。面对亲属关系交织、根深蒂固，有时甚至无能的管理层，内部创业者苦苦挣扎，努力在成熟的企业中释放创业思维，同时应对这些独特的挑战。

简而言之，对大多数内部创业者来说，他们的生活并不轻松。他们面临着挑战，这些挑战会导致那些缺乏热情、不够积极，又无甚才华的人很快投降认输，这就是我喜欢内部创业者的原因。内部创业者培养了企业保持领先所需的勇气和创造力。他们挑战权威，他们改变了一切。他们为公司打造新的未来，这是多么令人兴奋的事！

从这本书中可以明显看出，斯蒂芬·林德加德也喜欢内部创业者。他十分了解内部创业者及其工作的世界。他为企业创新领导者和内部创业者就如何应对所有企业创新者都面临的新挑战，提供了经过深思熟虑的务实、具体的指导：如何在一个开放式创新的世界中运作？在这个商业全天候运转、知识自由流动的世界，如何利用新技能来建立对外关系才能在竞争中保持领先？

正如本书所述，斯蒂芬知道内部创新成功与否重点在人。当然，你需要建立有效的创新过程，这是不可否认的。但是，斯蒂芬明确指出，如果没有合适的人来驱动这些过程，你成功的概率会急剧下降。随着开放式创新成为常态，培养正确的人际技能，包括建立人际网络、与利益相关者沟通、建立个人品牌以及销售创意的能力，对每个创新领导者和内部创业者都至关重要。斯蒂芬提供了培养这些技能的理论基础，并告诉你如何提高这些能力，这样你就能够在开放式创新的美丽新世界中发挥自己的最大能力。

我特别希望你能注意本书的第二部分。斯蒂芬在其中列出了企业创新领导者和内部创业者面临的障碍，如遭遇企业反抗分子（corporate antibodies，意指企业中反对改革创新的顽固分子）以及不理解创新或不提供必要支持的高管。正如《孙子兵法》所言，“知己知彼”至关重要。虽然这么思考可能会让你感到不舒服，但现实情况是，任何试图强行推动企业走向未来的人都会使希望保持现状的既得利益者产生不满。斯蒂芬就如何对抗现状提供了大量建议，其中包括我一直喜欢的一条：低调行事。尽可能长时间保持透明，这将帮助你避开新想法出现后带来的大量攻击。

本书干货满满，以上内容仅是冰山一角。我深信，读完本书后，你将为赢得内部创业之战做好更充足的准备。尽情享受吧！

盖伊·川崎（Guy Kawasaki）

Alltop.com 网站创始人，*Reality Check* 一书作者

Introduction | 导言

我在创新领域工作了 11 年，创新的世界正处于巨大转变之中。世界各地的企业正在开放其创新过程，这包含所有类型的外部合作伙伴，包括供应商、客户、学者、竞争对手，以及拥有杰出创意或独特能力的创业者。也许现在把它称为一场革命还为时过早，虽然有些人认为这是革命，但范式转变肯定正在发生。

本书为你提供了一些点子，以帮助你的企业成为这个开放式创新革命或范式转变的一部分。这需要你的企业拥有强大的创新基础，需要你拥有新思维和新技能，所有这些在书中都有介绍。我的目标是帮助你确定你的公司是否需要进行开放式创新，告诉你如何让自己和员工做好准备，从而迈进这个具有挑战性又振奋人心的新环境。

当你阅读本书时，你会发现书中使用了很多我本人与创新领导者互动的例子。很多例子都是基于广义的创新——不只是开放式创新，但我相信当你让自己和自己的企业做准备以迎接开放式创新革命时，这些见解会很有价值。那么我是谁？为什么我对创新领导这个话题如此热情？

我在个人简介上介绍自己是一名演讲家、关系网促进者和战略顾问，在诸如开放式创新、内部创业，以及如何识别并培养创新人员等问题上帮助企业。我是欧洲和美国实体关系网团体的创始人和促进者，为在领导力和创新交叉领域工作的人服务。我还经营领英（LinkedIn）社区 15inno（该社区有来自全球各地的 800 多名创新领导者和内部创业者，以及许多顾问、学者、初创企业和其他对创新感兴趣的人）。

我有幸与创新领导者和内部创业者共事多年，这些人工作不易，都非常出色，当今世界变化无处不在、变化速度前所未有、机会无限，他们的领导将创新的任务交给了他们。

创新领导者和内部创业者的关键目标是寻找并开发有利可图的利润增长机会。他们往往还负责改革企业文化，使其更具创新性和创业性。还有比这更令人兴奋的工作目标吗？如果你问一位创新领导者，你会得到一个热情洋溢的回答："这份工作太棒了，我热爱我的工作。"

创新领导者和内部创业者充满激情，将挑战视为证明自己是行业佼佼者的机会。他们每天克服障碍，偶尔还要"愚公移山"。若委以重任，他们便是企业的骨干。很长一段时间里，管理层聚焦创新创业，并投入大量资金，在此期间他们也开始意识到了这一点。

我曾经和这些出色的人共事，他们很有能力，我想帮助他们更好地改变现状、发现并利用新的利润增长机会。这便是我写这本书的理由，在本书中我们将谈到以下内容：

（1）开放式创新。越来越多的企业正在采用这种模式，以应对商业实体增加、信息公开分享的世界。

（2）实现创新的人（包括创新领导者和内部创业者），以及他们在个人发展中的必备要素。

（3）创新的人事阻碍和解决方法。

（4）作为创新领导者或内部创业者所需的个人领导能力。

在补充章节（第 17 章）中，我将讲述如何利用企业商业计划竞赛来识别组织内的内部创业者，并培养应对开放式创新所需的技能。在此过程中，你还将通过一系列访谈直接听到创新领导者的讲话。

每一章结尾都有关键要点列表，本书在最后一章汇总所有要点。当你想快速地回顾所学内容时，可直接查阅。

开放式创新虽然具有挑战性，但也带来了新商业理念和商业增长的无限可能。我希望你能享受这趟旅程！

对《开放式创新实践》的评论

对于那些正要开始开放式创新之旅的公司，或是希望改进开放式创新方法的公司来说，这都是一本必读书目。斯蒂芬非常清楚地解释了公司领导者及其内部成员将面临的挑战和机遇。

——Chris Thoen，宝洁公司全球连接及发展办公室总裁

开放式创新革命是所有创新工作者的基本工具。书中充满实用的建议和有意义的故事，都是斯蒂芬从他合作过的各个行业中收集的。无论你是在设计新的项目还是加强提升现有工作，本书均提供了实际的见解和可操作的步骤，可以极大推动项目的成功。

——Jeff Bellairs，通用磨坊沟通创新高级总监

每个想融入或推动开放式创新的创新领导者都应该读这本书。斯蒂芬不仅将开放式创新用简单、实用和可执行的用语阐述出来，而且通过设计战略推动公司甚至个人实现成功，以此来激励领导者们。这大大出乎我的意料，这本书真的非常特别。

——Moises Norena，惠普公司全球创新司司长

开放式创新也许有一天会像呼吸一样自然，但对于当今的大多数公司来说，其仍是一个需不断努力的目标。斯蒂芬为我们提供了他对一些实用概念的深刻洞察，而这些概念如今都可以加以应用，从而培养出对于公司未来发展非常重要的能力。

——Russ Conser，荷兰皇家壳牌公司改变者计划负责人

如果你想要“坦诚”，不必再找别的书了。斯蒂芬对开放式创新公开（有时甚至是残酷的）、诚实的描述令人耳目一新。书中没有高谈阔论或无意义的娱乐。你将得到实用的建议，以在公司中实现开放式创新。让实践拉开序幕。

——Stephen Shapiro，《24/7 创新》（*24/7 Innovation*）作者，InnoCentive 网站首席创新推广者

Contents | 目录

第四部分　回顾章节要点

附录 A

附录 B

第一部分　基本要点

在本部分，我分析了开放式创新的现状，以及开放式创新乃至任何类型的创新蓬勃发展所不可或缺的与人相关的基本因素。创新的关键莫过于找到合适的人才，人才的重要性再怎么强调也不为过。然而，我经常发现企业在开放式创新中更注重过程，而忽略了人的因素。别误会我的意思，建立正确的创新过程也很重要，尤其是当你走向更复杂的开放式创新世界时。但是，除非你在正确的时间、正确的地点找到拥有正确思维与技能的合适人选，否则你将一事无成。本书这一部分旨在帮助你做到这一点。

第1章

为什么开放式创新很重要

我去过很多地方，发现很多企业并没有完全理解开放式创新。一些人认为，过去几年出现的关于开放式创新的热潮是炒作，我对此无法认同。我认为开放式创新才刚刚开始，主要是因为它顺应了两大全球趋势。

（1）创新已成为时时刻刻发生的全球性活动。许多企业在总部之外设立了研发和创新实验室，促进创新工作的开展，以便下一步更容易采取合理措施，向外部合作伙伴开放其创新流程。

（2）知识透明化。我们都知道，知识对于企业来说举足轻重。但是这些知识在哪儿呢？在过去的 20 年中，尽管知识管理作为一门学科兴起，并为企业出谋划策，积极利用了员工的知识及其经验，但在很大程度上，知识是在我们的头脑中产生的。然而，在企业内部传播知识仍具有挑战性，将知识传播到企业之外更是困难。不过，在我们所处的世界中，知识日益普及、日渐透明，因而克服障碍开展创新也更加容易。像维基这样的 Web 2.0 工具正在被一些企业采用，这些企业也开始在社交网络平台（如 LinkedIn 和 Facebook）中发挥专业价值，这样的社交网络工具使得寻找所需人才和知识更加容易。

人们对开放式创新的兴趣越发浓厚，其中一个微小迹象便是，LinkedIn 用户简介中带有"开放式创新"这一术语的数量正在快速增长，这也许是宣传炒作，但我在邀请新成员加入我们 LinkedIn 上的 15inno 社区时查看了许多这类简介，发现它们背后的确有实质内容。如果进一步深挖，你就会明白很多企业已经开始了有趣的开放式创新活动，这一点在创新会议上也有所体现。在如今这经济困难时期，开放式创新似乎是能吸引观众的唯一话题。

挑战无处不在

关于如何定义开放式创新的讨论有很多。我尽量不去讨论定义和语义，因为我相信重点在于企业要根据自身情况合理定义这个宽泛的术语。但是，我要补充一点，开放式创新对我来说在很大程度上是沟通内部和外部的资源，这是创新得以实现的基础。

实际上，关于开放式创新带来的一大主要挑战，我创建的某个丹麦创新领导者社交网络团体中有一名社员就总结得很巧妙："拥抱外部需要你真正了解内部。"如果企业不知道企业内部正在发生什么，就没有理由跨越企业界限。内部和外部资源需要结合，才能实现开放式创新。

我也完全承认，开放式创新应是一个双向过程，即企业需有一个向内的过程来引入创意、技术或其他资源，以发展自身业务；同时还应有一个向外的过程，以对外授权或出售自己的创意、技术和其他资源。此双向过程应当贯穿创新过程的所有阶段。

不过，我相信，单是要让向内的过程发挥作用，企业就已经面临很多挑战了，它们需要关注这一点。当企业拥有了正确的思维方式和向内的过程，接下来就可以开始研究向外的过程，对外授权或销售不在内部使用的技术、创意或知识产权，但关键是从一开始就要抓住重点。因此，本书讨论的开放式创新几乎全是向内的过程。

我坚信，开放式创新应该是每个认真关注创新的企业的热门话题。为什么？

因为整合内外部资源来提高创新生产力、提高创新能力的理念是一个非常好的价值主张，不容错过。以消费品巨头宝洁（Procter & Gamble，P & G）为例，自 2001 年以来，宝洁的创新成功率翻了一番多，而创新成本却下降了。约阿希姆·冯·海姆伯格（Joachim von Heimburg）拥有 30 年宝洁工作经验，他告诉我的丹麦社交网络团队，他认为，如果企业将开放式创新作为其整体创新战略的一部分，就能获得类似的收益。

但问题在于，几乎所有企业都拥有营销策略或销售策略，但只有很少的企业拥有创新策略。当企业有了创新策略时，不能简单地把开放式创新与之相加。冯·海姆伯格认为，只有当开放式创新成为整体战略的真正组成部分时，企业才能提高创新生产力。

我相信，到目前为止，只有大约 10% 的企业开放式创新做得足够好，能够从中获得显著的效益，我们将这些企业称为胜利者（Champs）。另有 30% 的企业看到了曙光，正争相让开放式创新发挥作用、产生效益，我称其为竞争者（Contenders）。其他 60% 的企业是伪装者（Pretenders），他们并没有真的了解开放式创新的含义，也不知开放式创新为何或如何给企业带来益处。有些企业也许有一天会想出跟上领先企业的办法，但如今的他们只是在做做姿态。

我在本章结尾侧栏部分有所解释，宝洁是一个胜利者，这显然毫无争议。在宝洁的管理层眼中，开放式创新已经不再是一种新颖独特的概念。九年过去了，这已成为宝洁的创新方式，没有多少企业能这么有信心。

财捷（Intuit）和通用磨坊（General Mills）似乎也将成为胜利者。我喜欢财捷的原因是其创业者日活动（Entrepreneur Day Initiative）。2009 年年底，他们首次为 40 家选定的初创企业举办了这项活动，虽然我尚未听说后续具体成果，但我认为这体现了财捷制定明确目标、建立筛选过程、真诚打造新伙伴关系的坚定承诺——这些都是开放式创新的重要方面。

乍一看，通用磨坊全球创新网络（General Mills Worldwide Innovation

Network，缩写 G-WIN，通用磨坊通过该网络寻求适用于当前业务的新技术）的门户看起来与如今纷纷涌现的其他开放式创新门户并无差别。但根据对通用磨坊全球创新网络负责人杰夫·贝拉斯（Jeff Bellash）的采访，我发现了其中的一些深刻见解。

我特别喜欢通用磨坊的一点是：它尽力确保外部和内部资源之间的连接尽可能顺利，方式之一便是建立"外部速度团队"，这是一个跨部门小组，每两周开会讨论项目、分享见解，并确保其外部合作伙伴接触的是正确的人。此外，通用磨坊最近还启动了一项创新创业者计划。该团队还肩负着若干责任，如确保外部想法进入企业的创新管线（Pipeline，形象指代创新的过程）。

通用磨坊所做的种种努力极具意义，因为这些努力可以帮助其实现关键目标之一，即成为一个备受青睐的优秀合作伙伴，这将使得通用磨坊身处有利位置，能够了解有关新技术和新创意的第一手信息。从长远来看，这种优势非常重要。而要实现这一切则需要连接内部和外部资源的有效过程，通用磨坊就明白这一点。（见第 3 章末尾对杰夫·贝拉斯的完整采访）

金宝汤（Campbell Soup）在 2009 年通过"创新理念"门户（Ideas for Innovation Portal）搭上了开放式创新的便车。不幸的是，这更像是一个噱头，而非认真尝试与客户和商业伙伴建立关系，所以我把金宝汤放在伪装者之列。尽管我把它单独拎出来作为例子，但其实，许多企业也同样对开放式创新一无所知。以下是我认为金宝汤存在的具体问题。

（1）意图太模糊，没有重点。金宝汤称其想要"针对新产品、新包装、新营销和生产技术的创意，这些创意将有助于我们更好、更快、更完整地满足消费者和客户的需求"。天哪，这几乎可以是任何东西，不是吗？

（2）企业应该吸引我们，而非让我们失去兴趣。金宝汤表示回应一个建议要花 3 ~ 6 个月的时间，如果你的想法被拒，你不会得到任何解释。为什么不试着让这变得更吸引人一些呢？

（3）全程看起来就像是自我满足。金宝汤的网站仅仅谈到开放式创新为什么对金宝汤有益。如果金宝汤想要获得帮助，至少应该提到如何通过协作寻找潜在伙伴。

虽然金宝汤很高兴收到了近 5 000 条意见，但他们也承认自己在这个领域里还做得不够。金宝汤正在努力改进该网站，以使自己能从伪装者和竞争者的队伍跳到胜利者之列。这里有一些金宝汤（或其他任何企业）需要尽早处理的问题。

首先，你需要搞清楚为什么的问题。许多人投入了开放式创新的怀抱，却不问开放式创新为什么与他们息息相关。只有开放式创新符合整体企业战略，才能发挥作用。很多企业在这一步就搞砸了，他们根本就没有创新战略。

接下来，需要定义开放式创新。创新可以有许多不同的定义，开放式创新更是如此。企业需要像宝洁和通用磨坊那样，知道自己在追求什么。

在落实之前，你不能忘了你的员工。范式转变要求员工改变思维方式并获得新的技能。开放式创新的关键在于以更全面的方式看待创新，成为更优秀的网络从业者。

开放式创新绝非易事。但正如我一开始所说的，这个价值主张太好了，不容错过。

诚然，很难找到确凿的证据证明开放式创新的收益大于成本。目前此类研究较少。比利时管理学院弗拉瑞克·鲁汶·根特（Vlerick Teuven Gent）最近发布了一份报告，报告指出，该学院研究人员德赖斯·费厄斯（Dries Faems）博士、屯特大学（Universiteit Twente）马蒂亚斯·德·维瑟（Matthias de Visser）博士、鲁汶大学（Katholieke Universite Leuven）巴特·范·福伊（Bart Van Fooy）教授和佩特拉·安德里斯（Petra Andries）博士研究了合资企业与开放式创新后，得出的结论是：创新型合资项目的经济成本大于经济效益。

他们研究了 305 家比利时工业企业的合作活动和财务业绩，发现这些企业与若干合作伙伴开展合作确实能够提升创新能力，但也会增加雇员支出在附加值中的比例，对财务业绩产生了负面影响。从短期来看，这种成本提高效应似乎比合资企业的间接价值创造效应还要大。

这些发现是否意味着开放式创新的终结？研究人员并不这么认为。合资企业的创新价值和财务盈余价值从长远来看确实显而易见。在评估开放式创新模式时，公共部门与私营部门往往希望尽早看到结果。在短期内，成本确实尤为明显，而效益则需要较长时间才能显现出来。所以，耐心和毅力不可或缺。

宝洁：如何实现开放式创新

宝洁是世界上最大的快消巨头，纵观企业发展史，其研发业务数一数二，备受赞誉。但它的封闭式创新模式出现了“非此创造”综合征（Not-Invented-Here syndrome，又称 NIH 综合征，指因某种产品、研究成果或者知识源自其他地方而不愿使用、购买或者接受的现象），无法实现增长以支撑自身体量。于是，2000 年在新任 CEO 雷富礼（A. G. Lafley）的领导下，宝洁开始寻找更好的全球创新模式。雷富礼很快表达了一个激进的想法，即关键外部贡献应占企业创新产出的一半。

让宝洁走向开放式创新模式的是这样一个发现：与 7 500 名宝洁内部研究人员及科学家相比，200 名宝洁外部研究人员及科学家同样优秀，甚至更加卓越。一家傲慢的企业会如何对待这些学习经验呢？你说得对，没错，他们会说这不重要。他们会辩称，既然他们不是企业正式员工，就没理由关心他们。宝洁未妄自尊大，而是想方设法与这 150 万人才合作。8 年后，宝洁拥有 9 000 名内部科学家，而外部科学家数量预计达200万——他们许多人在中小型创业企业工作，这些企业正日益成为重点创新中心。

宝洁采用了一种名为联发（Connect + Develop）的创新模式。该模式通过双向渠道运作，使宝洁可以在内部市场上获取外部开发的知识产权，同时允许他人使用宝洁内部开发的资源和专业知识。宝洁与个人、企业、实验室、研究所、金融机构、供应商、学术界以及研发网络合作，还有一个由50多人组成的团队，在工程、技术、商标、包装等方面寻找开放式创新的机会。

今天，宝洁还有一个专门用于联发的网站作为连接内外部资源的基石。访问该网站，我们就能看出，开放式创新对宝洁而言不仅仅是技术转移，更涵盖了从商标到包装，从营销模型到工程，从商业服务到设计等各个领域。该网站不只是为了征求意见，宝洁团队更是积极地寻找已经申请专利、需要宝洁帮助来将创意推向市场的人。通过此种方法，宝洁已与外部伙伴达成了1 000多项积极协议。

我很喜欢的另一个例子是印有文本或图像的品客薯片（Pringles chips）。该薯片源于宝洁内部某个创意，但最终的技术是在意大利博洛尼亚的一家小面包店里发现的。这家面包店由一名教授运营，他发明了利用喷墨技术在糕点上印图片的技术。后来，宝洁掌握了这项技术，在不到一年的时间里推出品客打印薯片（Pringles Prints Chips），且成本比面包房低得多。

两位宝洁高管在2006年《哈佛商业评论》（*Harvard Business Review*）撰写过一篇文章，文章称，宝洁的创新成功率翻了一番多，而创新成本还下降了。宝洁很快就要实现雷富礼的目标——企业创新的一半来自外部。

有趣的是，宝洁并没有任何额外的激励措施来鼓励员工改变“非此创造”的思维方式。相反，是整个研发管理层的坚持，特别是雷富礼的坚持，发挥了激励作用。雷富礼一有机会就会询问既定目标的最新进展，他没有放弃，也使得新思维方式一点一点在企业扎根。许多员工对此非常感激，因为宝洁已开怀拥抱“在别处发明”的文化（Proudly Found–Elsewhere，简称 PFE，NIH 的相反倾向），从而给了员工更多实现创新的机会。

顺便说一下，如果你想了解一个企业对开放式创新的重视程度，你应该看看他们的官网。请试试在 www.pg.com 上了解宝洁，滚动页面，你将找到其联发网站的链接。是的，这似乎毫无新意，但很多企业连这么简单的一点都做不到，外部伙伴更难找到他们。联发网站仅仅是宝洁真正重视开放式创新的众多表现之一，这便是他们创新的方式。

本章要点

（1）全天候运作的全球经济和日益提升的知识透明度正推动开放式创新的发展。

（2）内部资源和外部资源需要整合，才能实现开放式创新。

（3）开放式创新应该成为每个企业的热门话题，因为结合内外部资源以提高创新生产力和创新能力是一个不容忽视的价值主张。

（4）在开放式创新世界中，有胜利者、竞争者和伪装者，多达 60% 的企业属于伪装者。

（5）要想脱离伪装者行列成为竞争者，你必须做到以下几点。

- 了解企业参与开放式创新的原因。只有当你的理由与企业整体战略相符时，开放式创新才会发挥作用。
- 定义开放式创新。
- 记住你的员工。这样的范式转变要求员工改变思维方式并获得新技能。

第2章

开放式创新

是什么样子

开放式创新的形式大相径庭，因企业而异。实际上，开放式创新没有一个公认的定义，问10个人会得到10个不同的答案。

正如前面提到的，我们不应该过多地谈论语义和定义，因为企业需要根据自己的情况定义这个概念。然而，研究封闭式创新的构成对于定义其相反概念——开放式创新，或许有所帮助。似乎每个人都同意，封闭式创新包括对发现进行高度保密，同时完全掌控创新过程的方方面面。在封闭式创新中，你不会试图将外部资源融入创新过程，并且避免与外部共享知识产权或利润。

此外，在封闭式创新环境中，活动常常被排除在研发部门外。而在该部门，最优秀、最聪明的人要确保企业的新创意及早地进入市场，以获得先发优势。

开放式创新则与之形成鲜明对比。开放式创新通过在整个创新过程中连接内外部资源来实现创新。对许多企业来说，开放式创新的第一步往往只注重从外部征求意见，但事实上，真正的开放式创新比仅仅让别人参与创意生成阶段更深入。企业外部对创新的贡献举足轻重，已经超越为具体服务埋单的伙伴关系。每一个参与开放式创新的人都关注问题、需求和事件，综合考虑，一并解决。此外，你还可以认为，封闭式创新侧重于核心产品和服务，于是你更倾向于通过开放式创新与“十种创新类型”（参见附录）开展合作，其中包括业务模型、渠道和流程。

开放式创新的过程存在差异，我认为它们之间的真正区别在于外部伙伴、客户或供应商的参与程度。许多企业依赖用户的反馈和意见来进一步开发其产品或服务，甚至是构思新产品，这通常被称为用户驱动型创新（User-Driven Innovation）。企业应该将其视作理解用户和响应客户需求的一种方式。然而，你不能仅仅依赖用户驱动型创新，因为它通常最终只是一个反馈工具，主要用于早期想法生成、后期建立反馈循环（Feedback Loop）的阶段。尽管创意可能来自外部，但它几乎完全依靠内部创新能力转化成业务，创新后期阶段没有外部参与。

用户驱动与开放式创新密切相关，但必须进一步推动才能转变为开放式创新。如果你既从外部来源获得创意，又让外部来源成为创意转化业务的关键因素，转变就会发生。在基于用户驱动型创新的世界领先企业中，丹麦的企业占有一席之地。丹麦玩具企业乐高（Lego）就是一个很好的例子，其成人乐高迷（Adult Fan of Lego，AFOL）和许多其他项目就能体现这一点。乐高的两个项目清晰地阐释了用户驱动型创新和开放式创新的异同。

1. 用户驱动型创新——乐高机器人系列（LEGO Mindstorms）

这一系列乐高套件结合了可编程积木、电机、传感器、乐高积木和乐高科技系列（Lego Technic）部件(如齿轮、轴和横梁)，该系列大受欢迎、极为成功。早期成人乐高迷(AFOL)受邀帮助开发这一系列的新设计和新用法。然而，乐高仍然控制着近100%的价值链。随着一些AFOL成立了自己的公司并开始与乐高开展更正式的合作，这种情况正在发生变化。我认为这就很好地说明了用户驱动型创新有潜力成为开放式创新。

2. 开放式创新——乐高建筑系列（LEGO Architectures）

2008年7月，乐高宣布与Brickstructures公司建立伙伴关系。Brickstructures是一家私人控股企业，旨在促进乐高积木在建筑方面的应用，该创意通过提供一系列来自世界各地的著名地标，来纪念塑造城市和文化的著名建筑师和有影响力的运动。乐高建筑系列与建筑师合作开发出模型，致力于以乐高积木作为媒介激励世界各地未来的建筑师、工程师和设计师；Brickstructures 带来了建筑知识——这便是这一合作项目中的关键投入。我认为乐高建筑系列比乐高机器人系列更接近开放式创新。

另一个有效利用用户驱动型创新的丹麦企业是康乐保（Coloplast），该企业开发的产品和服务能够帮助患有私密疾病的人生活更轻松。康乐保的产品包括造口护理用品、失禁护理用品、皮肤及伤口护理用品。由于与医生、护士以及产品用户合作，康乐保被许多人视为用户驱动型创新的全球先驱。

康乐保为用户建立了交流经验和想法的社区（可在 www.stoma-innovation.com 查看）。康乐保称，在过去几年里，外部投入使产品开发时间减少了一半，而且现在的外部合作伙伴远超过去。

这听起来不错，但我还是认为康乐保仍停留在用户驱动型创新的思维阶段，因为用户驱动型创新的大部分创意投入来自产品或服务的用户，甚至是生态系统。

开放式创新是将外部伙伴纳入整个创新过程，这不仅应该发生在理念生成或技术开发阶段，还应该发生在其他所有走向市场接受的阶段。用户驱动型创新的优势便是将你的创新努力直接导向市场需求，在满足市场需求时，开放式创新通过外部合作伙伴提供更多的机会，带你走向下一步。

我发现了康乐保的哪些危险信号？首先，我在其官网上找不到任何指南，能告诉我如何与康乐保交流创意。而我前面提到的宝洁网站则提供了非常显眼的链接，直达其联发项目。

另一个危险信号是造口社区本身。在这个社区中，你会感觉康乐保是在利用用户资源，而非与用户合作、与外部合作伙伴建立关系。这其实是用户驱动型创新，不应与开放式创新混为一谈。

此外，如果你在康乐保官网上搜索“创新”一词，除了国际造口社区的链接之外，搜不到任何东西。对于一个自诩颇有创意的企业来说，这一点实际上有些可怕，这让我和许多人都怀疑他们对于创新的认真程度……

如果康乐保有人听得进我说的话，我会提醒他们以及其他企业，不要把这两种创新搞混。这样的混淆可能具有误导性，可能会降低一家企业成为首选合作伙伴的可能性，而这又恰是开放式创新的关键目标。

我曾发过一篇题为"为什么用户驱动型创新不应该与开放式创新混淆"（Why User-Driven Innovation Shouldn't Be Confused with Open Innovation）的博客，当时收到了许多反馈，这些反馈也说明了用户驱动型创新和开放式创新之间有多么容易混淆。创新咨询企业新思科技（Synaptics Group）的埃伦·迪·雷斯塔（Ellen Di Resta）就建议，我们应该"将用户创新和开放创新视为方法，如此一来，这个问题就成了方法的应用问题，每个方法都需要针对特定情况进行调整"，她还提到，这些术语也许含糊不清，但两种创新混淆是否还是重点？并且，当我们需要灵活工具来应对广泛的挑战时，混淆也许还能避免我们思维受限。

强生（Johnson & Johnson）员工杰夫·墨菲（Jeff Murphy）说道："我更愿意将开放式创新视为一个宽泛的术语，其中也包括你所提到的'用户驱动型创新'。"他还提道，"……我没有在语义上纠缠不清，如果企业选择并使用正确类型的开放式创新（最适合企业具体需求、目标和业务 / 技术复杂性的开放式创新），那么这种方法将更有效。"

如前所述，用户驱动型创新和开放式创新对许多人来说意义不同。这两类创新有所关联，但并不相同。目前，我们发现自己所处的情况是：开放式创新和用户驱动型创新已经具有大量不同的含义和定义，因此学者、顾问再为这些术语下定义已经没有意义。于是，我们的重心又回到了让企业自己定义开放式创新的重要性上。

最后，我认为用户驱动型创新和开放式创新可以形成一种强有力的组合。我相信，随着用户驱动型创新和开放式创新日益演变，此类组合的例子将不断涌现。

益处、挑战和绊脚石

许多企业都进入了开放式创新的早期阶段。事实上，几乎任何企业都可以找到一些不同于封闭式模式的创新活动，这些不同之处使得这些活动能够被定义为开放式创新。但是，这个程度广泛，从百分之几的创新率（专注内部业务的企业）到近 50% 的惊人水平（宝洁）。无论企业目前的创新率如何，关键在于要使开放式创新引领未来，因此，重要的是要开始将某种形式的开放式创新纳入公司的整体战略。开放式创新公认的主要益处有以下几点。

（1）加快新产品和新服务的开发，从而增加收入，扩大市场份额。

（2）缩短新产品和新服务的上市时间，加快获利。

（3）减少研发的直接支出。

（4）提高新产品和新服务的成功率。

当然，开放式创新也带来了挑战，对于那些有抱负的现任管理者和领导者来说更是如此，因为他们已经习惯于在封闭式创新的环境中工作。在开始走向开放式创新之前，必须回答以下三个基本问题。

（1）开放式创新会使你的商业模式发生什么变化？在一个开放式创新的世界中，你可能最终和任何人，甚至竞争对手合作。这将如何影响你的商业模式并改变你的竞争环境？

（2）你将如何改变你的企业结构以适应开放式创新？你想开展什么样的合作？你将与合作伙伴拥有什么样的共同愿景和使命？企业所有系统、流程、价值观和文化都需要改变，那些整个职业生涯都在关注企业内部的人现在也必须关注外部了。

（3）这对于我作为经理或领导者的角色意味着什么？许多企业尚未掌握在内部不同业务领域进行创新的能力，更不用说与外部伙伴一起创新了。因此，许多管理者和领导者对于开放式创新连基本的层面都不了解，他们需要明白这场创新运动的影响（机遇和威胁），并学习提高信任、增强动力和提升表现的领导风格。

在第二部分中，我将详谈开放式创新以及一般性创新面临的障碍。

创新市场：开放式创新的主要来源

随着开放式创新的传播，对创新市场的需求也越来越大，这些创新市场是企业可以快速与之连接的媒介。其中某些媒介服务利基市场（Niche Markets，意指某类特定产品或受众的细分市场），而另一些则比较笼统。有些将由企业设立，以满足其具体需求；另一些则将由第三方设立，他们将自己定位为桥梁，连接寻求解决方案的企业与手握解决方案的创新个体以及创新企业。

第三方创新市场 InnoCentive 以基于奖励的开放式创新模式运作，将企业、学术机构、公共部门和非营利组织与全球 175 个国家的 16 多万名专家和问题解决者组成的网络联系起来。InnoCentive 最初是制药巨头礼来（Eli Lilly）开发的内部创新孵化器，自 2005 年起作为独立企业运营，最初在医药市场取得了成功，如今活跃在许多其他行业。比如在快消领域，InnoCentive 就曾助力宝洁等企业取得成功。

InnoCentive 的工作流程是这样的：企业，即求解者（Seeker），向世界各地的解决者（Solver）提出挑战，凡解决问题即可赢得奖金。超过三分之一的解决者都拥有博士学位。问题覆盖了工程、计算机科学、数学、化学、生命科学、物理科学和商业领域。如果问题得以解决，InnoCentive 将获得发布费和寻找费。

当然，InnoCentive 也面临竞争。以下是其他一些开放式创新市场。

- NineSigma 构建了由科学家、大学研究部门和技术孵化器组成的全球大网络，以交流创意、提供解决方案。NineSigma 成立于 2000 年，已成为专家解决（expert sourcing）领域的领军者，为葛兰素史克（GlaxoSmithKline）、飞利浦（Philips）、卡夫（Kraft）、联合利华（Unilever）和施乐（Xerox）等客户提供网络服务，客户还可使用其大型数据库，寻找涵盖所有行业和技术学科的现有解决方案。
- Yet2.com 成立于 1999 年，汇集了技术买家和卖家，使各方最大限度地提高投资回报。Yet2.com 专注于后期技术，而非创新。
- TopCoder 自称是世界上最大、最具竞争力的软件开发社区，拥有来自 200 多个国家的 175 000 多名开发人员。该社区采用严格、基于标准的方法，以竞争的方式为广大客户群开发软件。
- YourEncore 为企业与退休科学家和工程师建立联系，让他们为企业提供生命科学、消费科学、食品科学、专业材料、航空航天和国防工业等领域的专业知识。YourEncore 成立于 2003 年，最初的客户是宝洁公司和礼来公司等，其任务是开发一项未充分利用的人才资产：越来越多的退休资深的科学家。

信任的基本要素

信任是开放式创新的根本，它包含内部以及外部等许多层面。当你走向开放式创新时，应该开始研究两个问题。

（1）你如何才能信任他人？

（2）你如何说服外部利益相关者建立对你和企业的信任，然后开始建立牢固的关系？

建立信任是开放式创新取得成功的基础，这意味着，关注创新当中人的层面比关注流程更为重要，同时给真正推动企业创新的人带来了更多的力量。

为什么呢？信任首先建立在人与人之间，然后才可能建立在企业与企业之间。信任是很私人的事情，了解这一点的创新领导者便更能带来变化，增加职业生涯的趣味性与挑战性。

在你的企业生态系统中，与利益相关者建立信任和关系的障碍是什么？

（1）大多数企业架构培养的是内部视角而非外部视角。

（2）大多数企业将外部伙伴视为拿钱办事（提供特定服务）的人，而非共同创造和开放式创新的来源。

（3）大多数企业更注重保护自己的知识和知识产权，而非开放探索新机会。他们注重防守，忽视进攻。不过，这并不令人惊讶，毕竟企业律师的主要目标之一就是实现风险最小化，对外开放增加风险因素的说法也合乎情理。

（4）建立稳固关系需要时间以及个人的不懈努力。我们过于忙碌，做不到这一点；更别说大多数企业连必要的时间、资源或激励措施都未能提供。

你应该做些什么才能培养有利于建立信任的组织思维方式呢？

大多数从事开放式创新的创新领导者都单枪匹马，这是他们面临的最大困难。这种新型工作方式，会使企业出现很多反抗分子，这些人只希望企业保持原状。

这是非常正常的反应。许多人感觉受到新事物的威胁，而且这些新事物似乎与过去推动该企业获得成功的因素格格不入。因此，你并没有因为这种新思维得到众多人的支持。他们可能觉得创新很有趣，但一旦明白必须大大改变与外部利益相关者打交道的方式时，他们就会开始制造障碍，忽视其中的机遇。

你需要招募大量思维方式正确的人，为信任打下基础，让每个人都认识到牢固关系是未来商业成功的关键。

不幸的是，过往经验告诉我，很少有企业打下了这个基础，而只有成功招募到拥有正确思维方式的合适员工，才能开始建立信任。你忘记创新的流程和概念并无大碍，因为当涉及开放式创新时，思维方式才是最重要的。如果思维方式正确，整个实践过程都将更加简单。

本章要点

（1）开放式创新的形式大相径庭，因企业而异。

（2）开放式创新意味着在整个创新过程中整合内部资源和外部资源，实现创新。

（3）开放式创新形式多样，其真正区别在于外部伙伴、客户或供应商的参与程度。

（4）开放式创新涉及将外部伙伴纳入整个创新过程。

（5）用户驱动型创新与开放式创新密切相关，但必须进一步引导外部伙伴参与整个创新过程才能成为开放式创新。

（6）用户驱动型创新和开放式创新可以成为一种强有力的结合。

（7）开放式创新的主要益处是：

- 加快新产品和新服务的开发，从而增加收入，扩大市场份额；
- 缩短新产品和新服务的上市时间，加快获利；
- 减少直接研发支出；
- 提高新产品和新服务的成功率。

（8）在开始走向开放式创新之前，必须回答三个基本问题：

- 开放式创新会使你的商业模式发生什么变化？
- 你的企业结构将如何改变以适应开放式创新？

● 这对我作为管理者或领导者的角色意味着什么？

（9）信任是开放式创新的根本。

（10）建立信任是开放式创新取得成功的基础，其必要性意味着，关注创新当中人的层面比关注流程更为重要，同时也给真正推动企业创新的人带来了更多的力量。

第3章

如何进行

开放式创新

很多人都认为开放式创新仿佛圣杯（Holy Grail，意指努力追求但永远不可能实现的目标），他们匆匆开始做开放式创新，却不思考我在第 1 章提到的重要问题：为什么开放式创新与你的企业、企业的现状、使命和愿景息息相关？如果你还没有彻底回答这个问题，那么你需要现实一点，记住，开放式创新只是一个工具，而非目标。真正的目标是发展企业，实现盈利。

你还应该记住，开放式创新只是整体创新战略的一部分，甚至无法适用于所有企业。所以你必须先思考这个问题：我们为什么需要开放式创新？

我们需要理解开放式创新如何能够成为总体创新战略的重要部分才能回答这个问题，而总体创新战略又需要与企业总体战略高度一致。但许多企业连总体创新战略都没有，更不用说与之关联的具体开放式创新战略。

创新战略的好处在于，它能够确定你的努力方向，这也使你能更好地定义企业的开放式创新。创新可以有许多不同定义方式，开放式创新更是如此。企业需要像宝洁、通用磨坊等企业那样找到自己的定义（参见本章末尾的采访，了解通用磨坊对开放式创新的定义）。

一旦解决了为什么进行开放式创新和如何定义开放式创新的问题，制定实施战略也就更加简单。你还需要关注员工的问题，这种范式转变要求人们改变思维方式并获得新的技能。其中的关键是以全面的角度看待创新能力。创新不应仅关乎核心产品和服务；除了研发和市场营销，创新还应该涉及尽可能多的业务部门。我认为这彰显了多个业务部门共同参与创新项目时带来的强大创新文化。不幸的是，这种情况并不多见。当我在企业里讲话或开会时，我经常遇到创新质疑者。到目前为止，质疑者多数来自研发部门，少数来自市场部门，那采购、供应链、财务部门的人去哪儿了？

开放式创新文化的要素

在我的领英社区 15inno 中，宝洁研发总监克里斯·特恩 (Chris Thoen) 曾问建立开放式创新文化需要哪些元素，从而引发了一场热烈的讨论。根据社区建议，开放式创新需要具备以下要素。

（1）能够管理客户关系和合作伙伴关系的人才。这需要灵活、变通的人，除了传统智力外，还要具备情商这样的软技能——基本的社交技能，如自我意识、自我满足和同理心。

（2）愿意接受并非所有人才都在你的部门工作，甚至都不在你的企业工作这一事实；相应地，你也愿意在企业内外寻找人才，并与他们合作。

（3）愿意帮助员工学习了解创意或技术如何帮助企业盈利；开发轮岗计划也许能够实现该目标，甚至还可以吸引合作伙伴和客户。

（4）明白失败是一次学习机会，并愿意奖励不惧失败、从中学习的员工。对于那些认真追求创新的企业来说，失败是无法逃避的现实，领导者对于失败的反应对企业文化及未来项目具有巨大影响。

（5）摒弃 NIH 综合征（“非此创造”综合征）。如果我们充分利用内部和外部的创意，我们就会成功。我们不需要拥有一切并严格保密。别人使用我们的创新流程时我们应该从中获利，并且只要别人的知识产权能推动我们的商业模式发展，我们就应该购买。

（6）努力在内外部研发之间实现平衡。外部研发可以创造巨大价值，但内部研发也需要实现一定的价值。

（7）愿意承担风险，而非规避风险，同时运用常识以平衡风险水平。

（8）接受开放式创新确实会引起知识产权问题。你的法律团队可攻可守。理想情况下，他们会采取建设性的方法，支持企业朝着业务发展的目标迈进。

（9）理解开放式创新需要开放式沟通。围绕保密和知识产权问题开展工作，创造一个建立在信任基础上的环境。

（10）不需要总是当第一。建立一个更好的商业模式比率先进入市场更加有利。

最后，要知道仅仅做一个优秀的项目经理、研究员、工程师或领导已经不够了。你将在本书中学到，开放式创新不仅需要不同的思维方式，还需要以下新技能。

（1）整体视角——X 视野。如果你想带来颠覆性创新，就必须能够跨部门开展工作，并运用多种类型的创新将创意转化为盈利的产品、服务或业务方法。我称之为 X 视野。实际上这更像是一种思维方式，而不是一种技能，但又至关重要。

（2）建立关系网。开放式创新就是建立关系网，因此，随着企业向开放式创新迈进，树立关系网文化是创新领导者的重要能力。关于这一问题的深入讨论见第 15 章。

（3）做一个有效的电梯演说（Elevator Pitch，意指在电梯里仅用 30 秒时间向客户推广产品且必须成功）。当你的企业与其他企业接洽时，你要能成功说服你想要影响的人。这一点也适用于能够决定你所在项目成败的内部利益相关者，我将在第 16 章中深入讨论这个问题。

（4）管理利益相关方。你不需要让每个人都站在你这一边，但你需要获得足够多的人支持你的想法，以及足够的影响力来克服主要障碍。本书第 8 章将进一步讨论这一点。

在后续章节中，你将学习如何树立内部文化，拥抱并奖励开放式创新，帮助你成为卓越的创新领导者。

棘手问题和优秀答案——通用磨坊步入开放式创新板块

乍一看，通用磨坊的全球创新网络（G-WIN）项目和如今纷纷涌现的许多其他开放式创新门户网站很像。

因此，我没有在这个问题上妄加断言，而是采访了 G-WIN 主管杰夫·贝拉斯，以便更好地了解这一项目。

此次采访变成了一次极佳的学习机会，我想分享出来。采访一开始，我告诉杰夫·贝拉斯，我对他们的项目保持中立态度。有些方面看起来不错，另一些则不那么好。我还提到，他们最近发布的一篇相关新闻稿以及门户本身都引起了一些质疑。

我问了一些非常直接、坦率的问题，我对他的回答其实也没抱太大期望。然而，杰夫·贝拉斯态度坦诚，反馈丰富，令我又惊又喜。采访细节是这样的：

你能解释一下开展这个项目背后的原因吗？

贝拉斯：我们拥有一个互联创新专项项目（Connected-Innovation Program），至今已 4 年多，这段时间里我们学到了很多，其中大部分见解都反映在了我们的新网站上。

我们发现的关键一点是：我们需要一种更有效的方法，将首要业务需求与有能力解决问题、满足需求的人才匹配起来。

我们相信，通过与 Inno 360 的优质伙伴关系，我们将很快顺利开发出一个连接工作台（Connection Workbench），让我们能够更快地阐明业务需求并找出所需人才。以下是我们学习后对网站做出的重要改进：

- 明确需求；
- 非保密提交程序；
- 及时审查；
- 邀请加入 G-WIN 网络，把需求推送给拥有合适技能且感兴趣的人。

通用磨坊如何定义开放式创新？

贝拉斯：实际上，我们更喜欢“互联创新”这个词。其核心在于更高效地与人才建立联系，帮助我们以最有效的方式满足业务需求。这种联系可能覆盖同事、供应商、其他食品企业，甚至可能涉及完全不同行业的企业。我们的计划侧重于构建所需的工具和流程，以便高效扩大联系的覆盖面。

这个项目与你的创新战略有什么联系？这对你的整体企业战略有何帮助？

贝拉斯：我们的创新战略是建立一个开发、改进产品的丰富渠道，给消费者提供好吃、健康和方便的产品。我们的互联创新计划旨在挖掘全球人才库中的科学家、工程师和其他能够解决技术问题和提供所需能力的创新人才，推进并加快这一进程。

你采取了哪些行动来成为行业内首选合作伙伴？我早期的观察是，G-WIN 门户似乎真正关注的是通用磨坊而非其他伙伴。

贝拉斯：我们在开放式创新领域有稳定的表现，所展现出的领导才能帮助我们赢得了首选合作伙伴这一名号。我们相信，我们具备了获得这一头衔的必要因素，并且进展顺利。

我们拥有：

- 一个外部合作伙伴开发（External Partner Development）专门小组，致力于建立创造性商业模式和合作伙伴关系，使通用磨坊和我们的合作伙伴都能获得价值。我们的目标是建立互利关系，公平奖励作出贡献的合作伙伴。
- 一个创新创业者团队，专注于我们所有业务，及时分类提交文件，把外部组成部分无缝整合到开发项目中。
- 一个集中式互联创新专门团队，目前正在开发新工具，采用新方法，并通过出版物和演讲交流等方式分享大部分工作。

我们已经开发了一系列成功产品，拥有越来越多的奖项和外部认可。最重要的是，我们的一些合作伙伴与通用磨坊合作后都获得了实实在在的回报。

在这一点上，我想进一步了解你采取了哪些行动以促使内外部资源在初始阶段和整合阶段顺利结合？

贝拉斯：好问题。大约一年前，我们回顾了许多互联创新项目，特别注意了那些过程中遇到障碍的项目。我们了解到，虽然我们内部产品开发的商业化过程已经很成熟，但我们并没有一个类似的过程来引进外部获取的技术和产品。

我们的答案是建立一个跨部门的外部速度团队（External Speed Team），每隔一周开会，公开讨论项目，分享见解，并确保沟通得当。

此外，我们还启动了创新创业者计划，使每个业务部门都有互联创新的专门资源（或人员）。这些人负有若干责任，其中之一就是确保将外部获得的能力有效地纳入项目的业务管线。

那篇新闻稿谈到 G-WIN 时提到，“帮助通用磨坊实现其创新目标的合作伙伴可以从通用磨坊的资源、规模和市场信誉中获益，以推进自身业务”。你能解释一下这一点吗？

贝拉斯：通用磨坊销售额近160亿美元，是全球第六大食品企业，体量很大。我们拥有一批在食品行业中最受信赖和尊敬的品牌，以及一支专业销售队伍，确保第一时间分销新产品，这些都是成功的关键要素，也是大多数创业者所没有的能力。在洽谈伙伴关系时，我们努力建立协同关系，以我们特有的能力去弥补、提高合作伙伴的能力。我们认为，进入食品行业的门槛很低，但要达到一定规模难度很大。而我们的资源和能力就能够减少这些障碍。

你采取了哪些措施来建立合作伙伴，共同开发新产品、解决方案、理念和技术的生态系统？

贝拉斯：我们经常谈论四级互联创新。前三级是高效内部协作、与供应商和其他可信赖伙伴的协作，以及与新伙伴的协作。我们谈到第四级是建立新的协作模式，在这一方面，我们正在努力。其中两个例子是：

（1）联盟——我们正在积极尝试联盟模式，集思广益，创造规模，并减轻可持续性领域的项目风险。

（2）我们正在建立一个由合作伙伴组成的生态系统，结合所有技能，使我们能够满足卫生和健康领域的需要。在规划现有生态系统时，我们了解到，没有哪一个合作伙伴能够单枪匹马解决问题，但是通过联合企业、确定焦点、规划愿景，我们相信，我们正在朝着突破性技术一步步迈进。

G-WIN项目似乎侧重于通用磨坊内部的研发。你如何让其他类型的创新和业务部门也参与其中？

贝拉斯：我们的开放式创新项目始于研发部门。随着项目发展壮大，它已经扩展到大部分部门。通用磨坊以外的人才帮助我们推动业务发展，无论他们的影响是否涉及我们的研发、运营、营销或其他业务，我们都坚信可以取得更大的成功。

这个项目最大的内部障碍是什么？

贝拉斯：最大的挑战在于简化过程——阐明需求、将需求与全球人才库中关键人才匹配。我们的目标是创建一个连接工作台，我们的开发人员可以用它来构建新的连接。Inno 360 的创意领导力和才华令人欣慰，我们相信我们正在取得重大进展，朝着构建简单、直观的工作台迈进。

收到贝拉斯的回答后，我回了一封电子邮件："太棒了！这更清楚地展示了你在开放式创新领域的种种努力，我真的很喜欢你的几个项目。你为什么不把一些信息放在网站上？我特别想找到有关首选伙伴和如何连接内外部资源的回答。如果我是你的合作伙伴，知道你有这样的项目我将会很高兴。"

对此，贝拉斯回答说："目前我们仍在改进网站，计划在明年年初重新设计，所以有些信息还没有放在网站上，但我们想现在就发布创新门户新功能的消息，不想再等到完成网站重新设计后。因此，我们欢迎你提出想法或建议，告诉我们什么信息对于外部合作伙伴最有用，十分感谢。"

通用磨坊承认他们仍在学习中，他们足够勇敢，能够快速开始学习并获得必要的反馈，不断改善项目，这点我很喜欢。不仅如此，通用磨坊在如何实现开放式创新的见解上也一样值得称赞。

本章要点

（1）要明确企业尝试开放式创新的原因，你需要认识到开放式创新如何能够成为总体创新战略的重要部分，而总体创新战略又需要与企业总体战略高度一致。

（2）开放式创新带来的范式转变要求人们改变思维方式并获得新技能。

（3）创新不应仅关乎核心产品和服务，还应该涉及尽可能多的业务部门，包括但不限于研发部和市场营销部。

（4）开放式创新的要素包括：

- 能够管理客户关系和合作伙伴关系的人才。
- 愿意接受并非所有人才都在你的部门，甚至你的企业工作这一事实，相应地，你也愿意在企业内外寻找人才并与他们合作。
- 愿意帮助员工学习创意或技术如何实现盈利，开发轮岗计划也许能够实现该目标，甚至还可以吸引合作伙伴和客户。
- 明白失败是学习的机会，并愿意奖励不惧失败、从中学习的员工。
- 摒弃 NIH 综合征（“非此创造”综合征）。
- 努力在内部、外部研发之间实现平衡。
- 愿意承担风险，而非规避风险，同时运用常识来平衡风险。
- 接受开放式创新确实会引起知识产权问题，你的法律团队要可攻可守。
- 理解开放式创新需要开放式沟通。围绕保密和知识产权问题开展工作，创造一个建立在信任基础上的环境。
- 不需要总是当第一。建立一个更好的商业模式比率先进入市场更有利。

（5）开放式创新不仅需要不同的思维方式，还需要新的技能，包括：

- 整体视角——X 视野。
- 建立关系网络。
- 发表有效的电梯演说。
- 管理利益相关方。

第4章

要事第一

当开始建立开放式创新企业时，你需要明白，你只有 1.5 次机会来做好这件事。

为什么是 1.5 次呢？如果第一次尝试势头不够，你可能有第二次机会。但这一次，你并非从零开始，所以你成功的概率将更低。换句话说，你只有 0.5 次机会，因为第一次尝试失败所带来的不信任将增加第二次尝试的难度。

第一次尝试十分重要，在本章中，我们将讨论应该采取什么样的关键步骤以确保第一次尝试取得成功。这些步骤将克服许多企业里阻碍创新成功的人事障碍，为你的项目奠定坚实基础（本章中的建议适用于任何创新战略，不仅限于开放式创新）。

步骤如下：

（1）明确权限、制定强大的战略目标与创意主题；

（2）开展利益相关方分析；

（3）制定沟通策略；

（4）建立共同语言；

（5）纳入实现 TBX 的结构框架（T= 自上而下；B= 自下而上；X= 跨部门）；

（6）让自身“成为”创新，而非努力“变得”创新。

你在开放式创新上权限如何

要想第一次就取得成功，你必须让员工相信企业领导想要转向开放式创新文化的认真态度。这一切只是空谈，还是创新领导者确有足够的权力来推动改革？创新领导者准备好迎接挑战了吗？这些关键问题的答案对员工来说很快便一目了然。开放式创新权限和目标之间出现的任何不协调以及实际工作情况都是掩盖不了的。

高管和创新高层领导必须以战略目的的形式制定目标，同时须明确赋予创新领导者的权限。权限明确有助于解决创新团队在资源和职权方面不可避免的内部冲突。

利益相关方将参与实现目标或宗旨的过程，权限应易于传达给他们。授权应当做到：

（1）阐明创新团队的资源和权限；

（2）明确处理潜在冲突的办法；

（3）鼓励利益相关者在主管不参与的情况下解决诸如资源分配和工作强度等问题。

创新领导者必须得到高管的全力支持。如果中层领导觉得创新领导者没有得到高管的支持，那么他们往往只会关注自己的工作安排，不去考虑到底什么对公司最好。在这种情况下，高管们需要发出强烈信号，表明他们个人也坚定支持开放式创新项目。主管们可能需要在与个人和团体摊牌时表现出决心。丹佛斯（Danfoss）前 CEO 耶尔根·梅斯·克劳森（Jørgen Mads Clausen）就非常擅长将经理们拉到一旁、认真看着他们的眼睛告诉他们，自己确实相信这个创新项目，并希望经理们能分享这一做法。

创新领导者还必须对高管进行关于开放式创新的教育，更重要的是，必须将高管决定所产生的结果解释清楚。

创新问题对于创新领导者和主管来说都不容易。几年前，我与一位高端产品跨国生产商的创新领导者进行了一次有趣的交谈。多年来，该企业一直依赖于稳定的产品系列，尽管取得了成功，但企业也知道必须超越渐进式创新。他们需要进行范式转变以更加注重服务和解决方案，而不是仅仅着眼于产品。

为此，他们请来了一位优秀的创新领导者，这位领导者迅速成立了一个由不同背景和不同能力的人组成的团队。这是渐进式创新（Incremental Innovation，意指渐进的、连续不断的小创新，往往周期较长）与激进式创新（Radical Innovation，意指全面、大幅度、快速的创新，但也有造成不稳定的风险）的良好结合，然而不同的思维方式仍然导致了许多冲突。

这位创新领导者不得不就想法和思维方式对 CEO 开展教育，尽管过程很顺利，但创新领导者及其团队还是会与公司其他部门发生冲突。他向 CEO 提出了这个问题，得到的回应令他有点惊讶："鲍勃，我很喜欢你正在做的工作，我也真的很想支持你，你知道的。但是，如果你的项目造成太多麻烦，那么我得听我们核心人员的，他们才是给我们带来收入和利润的人，我们需要钱。你尽量用比较巧妙的方式解决这个问题吧。"

很明显，如果麻烦太多，CEO 将不得不在短时间内把创新领导者踢出去以安抚其他员工。不幸的是，许多创新领导者与上述情况不同，他们并没有从主管那儿得到明确授权。这样的局面非常糟糕，创新领导者开展工作也会更加困难。

创新战略与战略目标

第 1 章提到，创新项目最好建立在与企业整体战略高度一致的创新战略之上。创新战略应该是什么样的？它的形式多种多样，因为创新战略需要反映企业本身的情况。

我非常喜欢全球领先的泵制造商格兰富（Grundfos）的创新意向。以下文字摘自《2009年格兰富挑战任务》（*Grundfos Challenge Assignment 2009*）。

在格兰富，我们成功地实现了许多目标，因此，我们最近也通过展望未来15 ~ 20年，重新审视了公司的长期业务规划。这促使我们发布了格兰富创新意向（Grundfos Innovation Intent）声明。这份文件是一盏指路明灯，把我们的焦点转向长期创新，并确保企业保持正确的方向。创新意向包含三大挑战，格兰富在今后20 ~ 30年中发布的每个重大概念都应该直面这三大挑战。

（1）关切（concern）：把可持续性放在首位。

（2）关怀（care）：关注一个不断发展的世界。

（3）创造（create）：开创新技术。

换言之，格兰富将提供全球首创、基于技术的优质可持续的解决方案和产品，在日益增长的市场中占据重要地位。格兰富创新意向完全符合我们的核心价值观——负责、远见和创新，清晰、明确地说明了格兰富希望发展业务的领域与方式。我们希望在2025年实现以下目标。

（1）格兰富全球雇员达75 000人——今天雇员人数是18 000。

（2）公司增长中的50%来自2007年尚未发明的技术平台。

（3）1/3的营业额来自水泵以外的产品。

（4）格兰富仍是循环泵的领头羊，并继续提供专业的住房可持续解决方案。

（5）格兰富在对特定工业部门和公用事业部门终端用户直接销售方面仍是专家。

（6）格兰富成为关注全球各地的知识中心。

（7）格兰富已经成为将用户需求转化为新产品和经营理念的专家。

（8）格兰富成为优质人才最青睐的企业。

除了核心的创新工作外，格兰富还通过“格兰富新业务”（Grundfos New Business）探索了新的可能性。随着人口日益增长，消费能力不断增加，“格兰富新业务”旨在确保利用有限的地球资源满足快速上涨的消费需求，同时不破坏环境。

我喜欢企业整体战略与创新之间的这种联系，也非常期待并将继续关注格兰富。我的某些博客读者认为，这更多的是一个愿景，而不是一个策略，也许他们是对的。但我认为，无论你给它贴上什么标签，关键在于格兰富已经确定了自己的长期创新方向。在这种情况下，我相信格兰富的创新规划能为其他人就如何制定创新规划 / 战略 / 愿景带去灵感。

约翰 · F. 肯尼迪 (John F. Kennedy) 有句声明体现了总体战略目标，极具启发意义，常常被引用：“我相信，在这个十年结束之前，我们国家应该致力于实现人类登月并安全返回地球的目标。”这个目标不仅激励了美国国家航空航天局（NASA），更激励了全美上下共同努力在太空竞赛中击败苏联。

并不是每个企业都要参与像登月那么宏大的创新工作，但指明你希望完成的工作十分必要。如今，宝洁表示，他们的开放式创新目标是在公司指定的行业内成为开放式创新与合作的首选伙伴。过去几年里，我在合作或研究过的企业中还见过一些更加普遍的战略目的，实例如下。

（1）丹佛斯

- 寻找并发展带来巨大增长和战略优势的新项目；
- 发现并培养人才；
- 改变企业文化，并将内部创业作为第四条职业道路。

（2）英特尔（Intel）

- 培养并鼓励创新和创造性思维；
- 挑战现状，拥抱变革；
- 提供富有挑战性的工作环境。

（3）格兰富

- 尝试朝着未来企业结构的范式转变；

- 为格兰富经理开发新的职业道路。

请注意，这些例子中的战略目的都有部分文字关注组织中人的问题，如改变企业文化或发展新的职业道路。这有助于员工回答一个关键问题：这对我有什么好处？说到底，创新仍旧应该是一件盈利的事，但如果你在人的问题上走捷径，就无法实现盈利，创新企业都明白这一点，这也应该成为所有主管和创新领导者的重要一课。

利用创意主题生成针对性创意

除了战略目标，你还应该使用创意主题来设计创意生成活动，以实现期望的结果。这一点为什么这么重要呢？当我与创新领导者谈论创意生成时，我常说，获得创意从来不是个问题。你的组织内部已经有很多的创意了，如果你对外部渠道开放，甚至还有更多的创意。如果你觉得自己创意不够，通常是因为你寻找的地方不对或者感觉这些创意不够好，后者情况居多，所以这更多的是质量问题而不是数量问题。

怎么找到真正重要的创意？太多企业犯了这样的错误：组织工作做得不好。它们未能为创意生成活动设立一个范围或主题，也就无法在符合组织创新目标的领域促进创意生成，结果便是它们缺乏筛选体系，无法评估和选择真正具有潜力的创意。

换句话说，在创意生成方面，你可能犯的最大错误就是告诉人们什么都可以，这么一说，你将会淹没在大量创意中，不知如何是好。当你开始向外界寻求创意时，这一点尤为适用。你将从对你的业务知之甚少或者毫不了解的人那里收到建议。如果不给他们一些指导，不告诉他们你对哪些特定领域的创新感兴趣，你很可能将得到大量无甚价值的创意。

通过明确目标、设置筛选过程，你可以快速评估这些创意，识别哪些创意符合需求，哪些根本不适合主题，哪些介于两者之间。如果没有这样的过程，你将会被没有潜力的创意所淹没。

你的创意主题应该由创新策略驱动，它应该清晰、有所创新，能够激励大家对以前可能没有关注的领域进行深入的思考。

例如，丹佛斯 CEO 颇有先见之明，要求他们首届商业计划竞赛（我将在第 17 章中进一步讨论）的参赛者为油价超过 100 美元的情况构思商业创意——四年后油价也确实超过了 100 美元。而惠普则在其第二届商业计划竞赛中规定，所有创意都必须是可在 Web 2.0 环境中开展的新业务。如此关注并明确你想要的创意类型就好比使用带有瞄准镜的狙击枪，而非猎枪。

还有一个例子。丰田（Toyota）向全世界概述了自己的目标，并邀请企业以外的人参与到创新中来。在其 2005 年年度报告中，丰田描述了其愿景及其技术开发项目的指导理念。以下是部分摘录。

在“最小化”（zeronize）的愿景下，我们不懈努力，旨在消除汽车社会的负面影响，如环境问题、交通事故问题和拥堵问题；同时在“最大化”（maximize）的愿景下，充分发挥最大化积极的方面，包括乐趣、舒适与方便。

随后，在 2007 年，北美丰田（Toyota North America）发起了一场名为“为什么不”（Why Not）的广告宣传活动，基于三个主题：环保承诺、经济影响和社会责任。2009 年北美丰田通过 www.toyotawhynot.com 网站发起了用户驱动创意收集活动。在这个网站上，丰田邀请消费者就如何在安全（更安全的社区）、水（减少水资源消耗）、土地（保护公共土地）、空气（更清洁的空气）、能源（节约能源）和社区（让民众更加团结）等领域的创新提出意见。该网站告诉人们：

在丰田，我们热衷于创造新的方式来改善环境、使社会更加多彩。我们不断进步、推动自身发展前进。但我们想知道是什么激励了你们。我们为大家创建了一个互动空间，供大家分享创新思维，并建立你们自己的社区，去探索、去创造、去贡献。我们团结一致，就能改变世界。

我真的很喜欢丰田将创意收集活动与企业创新规划、整体宣传活动联系起来的方式。此外，丰田并非什么创意都收集，他们非常明确自己想要的东西是什么。

利益相关者分析

创新团队必须了解内部和外部利益相关者的概况，并分析开放式创新活动对他们的利与弊。谁会受到开放式创新规划的影响？什么问题困扰这些人？创新领导者如何创造价值主张，使利益相关者支持项目？

一种方法是创建利益相关者视图，标识所有群体，并为每个群体开发特定的价值主张。不要忽略了非正式影响者，也就是那些不显眼但影响力又极大的人。找到这些人，争取让他们加入你的阵营，这样一来就能更顺利地打造创新 DNA。

沟通策略

在企业中，良好的沟通项目在任何时候都很重要，特别是当开放式创新成为你的目标时就更加重要了。没有良好的沟通策略，想在 1.5 次机会内取得成功的概率便不高。要想前进，人们需要知道目的地和方式。了解战略目标可以激发人们的积极性，建立起集体目标意识。所以在开始之前，你要先制订一个沟通计划。利用一切机会让好消息在内部外部都能发挥作用。如果招聘是个问题，那么后者尤其管用，谁不想为一家公认的创新企业工作？

高管们应该积极宣传开放式创新工作的重要性、表示对其大力支持。你还应该与利益相关者群体明确沟通观点。如果这些观点与价值主张一致，就更好了。

共同语言

沟通策略的一个关键目标是在企业内部建立起关于开放式创新（以及一般创新）的共同语言。当每个人都使用同一种语言时，就更能以每个人都能理解和共情的方式来描述问题。麻省理工学院《斯隆管理评论》（*MIT Sloan Management Review*）的一篇文章《创新制度化》（*Institutionalizing Innovation*）就指出，20 世纪 90 年代末，英特尔（Intel Corp.）在微处理器低端业务中对竞争威胁的反应就说明了共同语言的价值。

哈佛商学院（Harvard Business School）教授克莱顿·克里斯滕森（Clayton Christensen）是咨询和培训企业 Innosight 的创始人，他多次在英特尔对数百名经理就颠覆式创新的原则和语言开展培训。英特尔随后推出了自己的低成本芯片，减缓了其颠覆式竞争对手的前进步伐。克里斯滕森回忆说，英特尔 CEO 安迪·格罗夫（Andy Grove）曾告诉他："你知道，这个模型并没有帮助我们解决任何问题，但它给我们带来了共同语言，也给了我们一个描述问题的通用方法，这样我们哪怕面对难以理解的做法也能达成共识。"[1]

【1】http://net.grundfos.com/doc/webnet/challenge/downloads/8714_Assignment.pdf（2009 年 7 月）。

丹麦工业企业格兰富的“格兰富新业务开发”项目正在其核心泵业务之外的领域开发新业务，该项目就成功向整个企业渗透着创新共同语言。有一次，他们请来了马克·卡文德（Mark Cavender），他在基于《跨越障碍》（*Crossing the Chasu*）一书的市场策略方面是一位专家。卡文德来格兰富为期整整一周，他不仅仅是来参加一场会议或一次研讨会。在此期间，“格兰富新业务”主管为其同事、投资组合公司（Portfolio Company）员工、核心业务高管、经理和员工都举办了讲习班和会议。这使他将来可以更轻松地与利益相关者讨论《跨越障碍》中的概念，让自己的创意更能为他们所理解。

“格兰富新业务开发”做的其实是与其他顾问和专家同样的事情，这些人也试图派遣尽可能多的人去参加会议和培训项目。通过这种方式，他们寻找新知识和构建关系网的机会，帮助他们建立谈论创新的共同语言，这应该是建立内部培训项目的一个重要因素。

TBX（O）

在开发企业的开放式创新 DNA 时，你需要记住三种组织方式。

（1）T（自上而下，top down)——让主管参与进来，要求他们也致力于开放式创新的工作。没有主管们的支持，就做不出成果。

（2）B（自下而上，bottom up)——价值创造始于人，一个人接一个人，一个团队接一个团队。除非你让员工参与进来，否则什么都不会发生。此外，回到“你必须在 1.5 次机会内成功”这一点上，重点在于创新领导者必须认真对待来自员工和外部合作伙伴的创意、反馈和其他投入。如果创意仿佛落入深渊、永远不会再出现，或者领导者无法将资源投入任何创意中，那么你将失去员工和外部合作伙伴的信任。

（3）X(跨部门)(across)——最大的挑战将来自整个企业的中层管理层，因为他们只关注自己肩上的盈亏责任。他们没有考虑大局，因此不会放弃资源，因为尽管放弃资源从长远来看对企业有利，但不会在短期内对他们有利。如果这一问题得不到妥善解决，这些人可能会导致开放式创新，甚至任何类型的创新陷入停滞。

对于开放式创新，我们还需要添加另一个因素：O（外部因素）（Outsiders）。外部合作伙伴将为企业带来知识、技能、经验和需求。你需要为外部因素对企业创新 DNA 发展的影响做好准备。

让自身“成为”创新，而非努力“变得”创新

我曾经在一家尝试建立创新流程的企业开过一次研讨会。这家企业的状况比其他企业要好得多，因为它是由创业者经营的，他们喜欢为有动力、有能力创建新项目的员工提供丰富的机会。

然而，管理团队在一个大问题上花费了大量精力：我们如何才能变成一家创新型企业，如何让员工相信我们能够达到这个目标？我让他们反过来思考这个问题：如果这不是一个变化的问题，而是一个存在的问题，那会怎样？这家企业已经有了一些能够证明其创新性的项目，因此这一转变的基础已经到位。一个更好的问题是：下一步该怎么办？

（1）从顶层开始

除非你自己就深信不疑，否则你无法说服任何人。管理团队确实需要相信自己的创新能力，不要把事情搞得太复杂；明确几种公认创新水平高的能力，然后在这个共识的基础上开展其他的步骤。

（2）让证据紧跟认知

认知就是一切。一旦管理团队发现了真正的创新能力，立即开展调查或者基准测试，将这一新认知转化为实实在在的证据。

（3）提供切实的项目

现在是时候进一步推出切实的项目了，让员工、客户和包括外部伙伴在内的其他利益相关者相信——他们的意见和对创新流程的贡献确实受重视。这些项目范围很广，从简单的创意箱到24小时创新营，再到商业计划竞赛和内部创业者与潜在外部创新伙伴的网络。真正的挑战是要定期听取意见并有针对性地采取实际行动。当然，这些项目还可以是开放式创新门户，如戴尔的“创意风暴”（Idea storm）、“我的星巴克创意”（My Starbucks Idea）、宝洁的“联发”（Connect & Develop），也可以是一些活动，像财捷的“创业者日”（Entrepreneur Day），在创业者日活动中，一批优选创业者、初创企业和规模虽小但较为成熟的企业有机会与财捷多位高层领导会谈。

（4）公之于众

对于员工来说，读到体现自身能力的信息最令人满足了，而让家人、朋友和商业伙伴读到这些信息则更令人开心。因此，写出好故事，让全世界的人知道你有多优秀，你的员工也自然会开始相信你。

我想再强调，重点更在于认知而非事实。管理好认知，认知就能变成现实，企业也就能顺利将创新能力写入其DNA。

今天的泵，明天的激进式创新！

马德斯·普雷本森（Mads Prebensen）是集团高级副总裁，负责“格兰富新业务”项目，该项目做的是格兰富核心业务（泵）以外的激进式创新。在这次采访中，他谈到了格兰富新业务是如何开展激进式创新的。

几年前，格兰富决定加快其新业务发展。为什么？

普雷本森：格兰富一直以来都将新业务开发作为一个部门的职能来开展工作。我们有20多年的颠覆式创新经验，然而许多颠覆式创新项目都失败了，或者进入市场后影响力不足。这些项目商业焦点不够，因为通常这些项目是由科技人员推动的。

随着投入越来越多，我们有必要重新思考这些战略，最终我们决定在这些颠覆性项目上投入更多的人力。除了增加人力资源，我们还进行了改组，如今格兰富新业务已经是集团内的独立法人了。

董事会还认识到，有必要为将来水泵业务衰退的可能做好准备。我们必须不断重新定义自己，这是我们壮大颠覆式创新项目的主要原因。

直到最近，我们的新业务开发活动都还很混乱，这些活动是基于核心泵业务的，在这样的结构中很难开发出激进式创意。我们的董事会也知道，在核心业务活动中开展激进式创新项目是行不通的。核心业务部分过于精简，关注的是日常运营，而有了格兰富新业务之后，我们就有了一个激进式创新的平台，在这个平台上，新项目未来发展广阔，不受限于核心业务，平台体系也适合新项目的需求。

你作为这个新部门的领导，遇到的最大挑战是什么？

普雷本森：我担任该部门负责人已经两年半了。在此期间，我的主要目标是让激进式创新更加成功，我们需要带来稳定的投资回报。

早期，我意识到激进式创新项目应该纳入我们的新体系中，我们也应该发展新的人力资源模式，如股份制。今天，在成熟项目中我们设有总经理和项目经理，不仅仅是项目经理，总经理们都非常像创业者。实际上，格兰富新业务在很多方面都非常像一家风险投资企业。

最大的挑战不是说服董事会和核心部门相信我们需要这种新结构和新思维，真正的挑战在于实施的过程。在董事会级别的展示报告中，你没有时间深入讨论细节，这意味着我们在落实阶段必须打两次仗。

首先，我们需要确保董事会和最高管理层坚持实现总体愿景，尽管他们还必须在核心部门的问题与需求和格兰富新业务之间取得平衡。

其次，我们仍然需要解决许多事关核心职能部门的问题，诸如具体人员的招聘和新的薪资补偿计划等。这很困难，因为大家做事方式不同。这对我们所有人来说都是一个学习过程，至今仍是如此。

格兰富新业务决定开发和核心业务非常不同的项目。你能给我们举几个例子吗?

普雷本森：与核心业务相比，我们的项目都是在不同的市场和不同的商业模式下运作的。

NoNox（格兰富旗下产品）就是一个很好的例子，其基于数字泵技术开发产品和服务，已经被汽车行业所改装，同时，NoNox已经建立起的商业联系将使其成为一个庞大业务，可以在格兰富之前从未成功过的市场中增加数十亿（丹麦克朗）的收入。此外，NoNox还帮助我们在汽车行业树立了声誉，这将提供许多行业知识和见解。我们的核心业务可以从中吸取经验教训，并以此作为进军汽车行业的一大突破口。这是一个很好的例子，说明了一个项目除了本身是一个很好的业务之外，还将帮我们打进更广阔的市场。

我们在格兰富还引入了新的商业模式。一个例子是BioBooster，一种极其小巧的生物废水预处理设备。最初，格兰富启动这个项目，将其发展成可移动解决方案的一个组件。不幸的是，该解决方案的其他装置都是不可移动的，客户无法从我们的创新中获益。后来，这个项目由格兰富新业务接手，我们最终决定出售整个解决方案，而不单单是这个组件。如今，我们为食品行业提供一个完整的废水处理厂，如果需要，该厂可以根据建造/持有/运营协议租赁出去，由我们承担全部责任。

对格兰富来说，这是一个全新的商业模式。通常情况下我们只卖组件，而现在我们也通过经营、持有资产来赚钱。这只能在对核心业务不重要的行业内做到，毕竟核心业务必须保护当前的客户和生态系统。

我们需要发展这种新模式，以实现未来的收入目标，还需要确保核心部门学习格兰富新业务的经验。

发展这些颠覆性项目，你获得了什么关键教训?

普雷本森：我认识到项目会经历不同阶段，而且你需要知人善任。在项目早期阶段，你常常需要开发技术，这个时候需要一种类型的经理。随着项目的成熟，你必须转而使用商业化背景更丰富、更具创业精神的人。这一转变必须主动出击、坚决利落。

本章要点

（1）你只有1.5次机会做好开放式创新，因此必须认真准备。

（2）在开展开放式创新项目之前必须落实的关键要素包括：

- 明确的权限、强大的战略目标与创意主题；

- 利益相关方分析；
- 沟通策略；
- 关于企业创新的共同语言；
- 实现 TBX（自上而下、自下而上和跨部门）的组织方式；
- 采取这样一种态度：努力“成为”创新，而非努力“变得”创新。

（3）你的开放式创新授权应该做到：

- 明确创新团队的资源和权威；
- 明确如何处理潜在冲突；
- 鼓励利益相关方在主管不参与的情况下解决诸如资源分配和工作强度等问题。

（4）确保你的战略目标能回答员工的关键问题：“这对我有什么好处？”

（5）为创意生成活动设立范围或主题，在符合组织创新目标的领域内促进创意生成。

（6）除 TBX 外，再引入 O（外部）因子。

（7）通过实际项目构建企业的创新 DNA，让所有利益相关方相信他们的投入是受到重视的。

（8）通过分享好故事让员工相信你的企业拥有创新精神。

第
5
章

如何识别及培养

开放式创新人才

这样的事还是经常发生：我与一群创新领导者会面，讨论起创新最前沿的问题——如何生成新创意和新项目。有人开始讲述了自己企业的新创意收集活动，那项目很棒，他们已经获得了600多个创意。

他的讲述让我哭笑不得。他很开心，但也透露，在创新方面，他是个新手。他还没有意识到创意的数量并不是最重要的。的确，你需要大量的创意供筛选，以确保你能得到足够多的好创意，但你不能仅仅因为自己有600个创意就开始庆祝。只有当你拥有600个创意外加一个能清晰快速地筛选出30个值得进一步探索的创意的过程，才可以开始兴奋。更重要的是，只有当你能将这30个创意与知道它们能不能盈利以及如何能实现盈利的人匹配起来时，你才能真正开始庆祝。

有些企业在创意收集活动中重数量不重质量，忽略创新中人才这一首要因素，这些活动经常会出现以下情况。

（1）你的系统收集到600个创意，但没有足够的资源去处理所有创意。

（2）提出创意的人开始询问，他们对下一步进展非常好奇，你告诉他们：将在下个月内尽快回复。

（3）六个星期后，这些人又来问你。这一次，他们比上次沮丧，已经不再那么热情。而你仍然忙不过来，尽管你已经看过了所有的创意，但仍然不确定要选哪些，你让他们一个月后再来。但这可能是创意提出者最后一次来找你。对于自己的创意是否真的会有进展，他们已经不再抱有希望。

（4）下次你再发起创意收集活动时，愿意花时间参与的人更少了，因为第一次活动中的创意没有任何进展。

当然，这有点夸张，但我已经听说过很多这样的情况，所以我知道，这种情况发生的频率比你想象的要高。对于那些专注于内外部创意收集活动以收集大量创意的企业来说，创意筛选和创意质量的问题并不罕见。此外，这些企业往往也做不到在正确的时间把正确的人才用在正确的创意上。优秀的人提出优秀的创意，最终也只能看着这些创意坠入深渊，再也不会出现。

过多关注创意的数量也会将你的创新文化推向错误的方向。大多数人提交创意只是想让自己感受创新。创意不花钱，提交创意、期待其他人跟进甚至落实这个创意其实一点也不费工夫。

这样一来，这些伪创意提出者就可以觉得自己具有创新精神。当他们和提交过创意的同事交谈时，都相信自己在一家创新文化发达的企业工作。类似地，如果通过开放式创新将创意引入企业，人们就可以这样说："看，我们太具有创新精神了，我们甚至满世界寻找好创意！"但如果他们仔细观察，就会发现这没有什么真正的改变，因为根本没有评估和推进创意的过程。因此，你让某些人暂时感觉良好，但创新并没有真正发生。这样的模式重复几次，那种创新文化发达的形象就消失了。

你需要理解正确的顺序：如果你想要建立强大且可持续的创新文化，首先要有人才，其次要有过程，然后才是创意。本书重点不在过程和创意，而在于人才，让我们记住这一点。

关注人

作为创新领导者，你首先必须认识到，要想实现不同类型的创新，人才比创意更重要。

花点时间好好想想这一点。许多创新项目失败惨重，正是因为他们的领导人不明白这个简单的事实。事实上，拥有顶级人才比拥有大量顶级创意更为重要。为什么？因为顶级人才可以把二等创意，甚至是三等创意变成现实。而不优秀的人即使手握优秀创意也会问题层出不穷。

风险投资界正在讨论这两种选择中哪一种最好：（1）普通创意配优秀团队；（2）最好的商业创意配一支普通团队。如果我们把这个问题放到企业界，问题就成了：你的企业内有没有足够多的顶级人才能把企业内外部的优秀创意都变成现实？对比风险投资企业，大企业的一个主要优势就是：在大企业里，你可以把优秀人才调到其他项目。当然，这需要你努力去发现和培养优秀的创新领导者和内部创业者。所以，在你满腔热情要开始构思一大堆创意之前，先想清楚你将如何把这些创意与能够实现创意的人匹配起来。

在开始这项工作时，记住另一个要点：在现有核心业务部门（在这里，创新可能是渐进的，资源可能很丰富）中领导并管理项目所需的技能，和克服新业务项目几乎都会面临的挑战和障碍所需的技能大不相同。对于新业务项目来说，资源可能很难获得，但这里的创新可能是显著的，甚至是颠覆式的。你需要给新业务项目配上拥有恰当思维与工具、能够应对这一新挑战的人员。

我最近指导了一些团队，帮助他们构思有潜力的商业创意。经理们或多或少把这当作核心项目中的常规业务开发；也就是说，他们把注意力集中在渐进步骤上。他们不了解创建高潜力、新业务发展项目或创新项目的动态。他们最大的错误在于把创意分配给了那些对具体挑战毫无热情的人。当涉及具有突破性潜力的创新项目时，你需要的应该是全身心投入的人。

在创新的不同阶段，你也需要不同的人。正如一些创业者更擅长企业早期运营，而另一些则更擅长在产品推出后扩大企业规模，不同的内部创业者在思维和技能方面也会适合不同的创新阶段。

例如，激进式创新集团（Radical Innovation Group）提出的“发现—创新—加速（Discovery-Innovation-Acceleration，D-I-A）”创新模型明确了创新的三个阶段：

1. 发现阶段

（1）基础研究：内外搜索；

（2）创造、识别、解释和阐述机会。

2. 孵化阶段

（1）应用开发：技术、市场学习、市场创造、战略领域；

（2）将机会转化为商业命题：创造一个有效假说，假设技术平台能够在市场中实现什么，市场空间最终会变成什么样子以及商业模式会变得怎样。

3. 加速阶段

（1）早期进入市场阶段：专注、回应、投资；

（2）将刚起步的业务发展到一定阶段，使其能够独立运作（相较于最终接收单元中的其他业务平台）。

这一模式已经在许多企业得以应用并取得了成功。这些企业了解到，只有极少数人拥有足够的技能，足以领导项目从发现阶段一路发展到加速阶段。

需要两种人

这一切又提出了一个问题：一个企业中所有人都应该创新吗？这是我的社交网络中经常讨论的话题。我的观点是，你要将全职创新或创新主力的人数限制在 20% 左右，其他人确实需要从事核心业务来为创新提供资金。然而，我必须指出，所有员工（谈到开放式创新的话还包括价值链上的外部利益相关方）都应该拥有参与创新活动的机会，只不过不是同时参与。你需要保护核心业务免受新业务的影响，反之亦然。

我了解到，企业需要两种人才能使创新项目取得成功。他们需要**创新领导者**（Innovation Leaders），这群人专注于打造内部平台的战略工作，这一平台是发展组织创新能力所需的，包括企业文化、授权、流程和人才。创新领导者还常常为创新所需的第二支队伍提供指导、便利和资金——这支队伍在创新领导者创建的平台内工作，即**内部创业者**（Intrapreneurs）。他们将创意和研究转化为真实产品和服务，推动企业向前发展。因此，与创新领导者相比，内部创业者侧重于操作层面，而不是战略、流程和对策。

我将内部创业（Intrapreneurship）定义为运用创业技能而不需承担与创业活动（自己创业）相关的风险或责任的行为。内部创业者很像创业者的企业员工，但又拥有大型企业可以利用的资源和能力。

创新领导者需要有能力读懂企业现状，他们需要能够在企业斗争中施展手腕，以确保得到创新项目所需的内部资源。他们必须处理许多利益相关者的问题，包括高层管理人员、中层管理人员，当然还有参与开放式创新的各类型外部合作伙伴。

另外，内部创业者也要扮演角色，他们必须开发出满足客户需求的新业务。当然，这也包括与企业母公司以及其他外部伙伴的利益相关方进行协调，但内部创业者还必须具备满足付费客户需求的特殊能力。在企业内部，内部创业者甚至比创新领导者更为罕见。根据我的经验，只有 1% ~ 3% 的白领有足够能力将创意和研究转化为业务。

内部创业者数量很少，这背后有两个原因。第一个原因是内部创业者拥有的技能和意志，足以使其成为真正创业者并开办企业。首先，这些人通常就不会在大企业里工作，而在大企业工作的内部创业者往往因为遵循传统职业道路而陷入困境。他们刚进入企业时满怀雄心壮志，计划着一旦获得经验、赚够创业资本，就创办自己的企业。然而，一旦他们习惯了大企业的安稳，创业精神就会逐渐减弱（尽管仍然远高于大多数同事）。

他们也可能结婚生子，这往往会削弱创业精神。创业非常具有不确定性，对于他们担心还贷、想为子女打下稳定基础的风险规避型配偶来说，创业是没有吸引力的。事实上，除非有配偶的大力支持，否则你不可能在成功创业的同时还能享受幸福的家庭生活。

内部创业者数量稀少的第二个原因是企业环境本身。内部创业者拥有质疑现状的持续动力和天性，这会使他们与同事意见相左。他们可能会被贴上标签，使他们在企业中的职业道路更加困难，这往往迫使他们寻求其他机会。理想的情况是，他们最终来到一家发现麻烦制造者也不一定不好的企业工作。幸运者留下来，并在开发企业创新 DNA 的工作中成为令人垂涎的骨干员工。

值得注意的是，还有第三类人，他们在创新项目上做着全职或兼职的工作。我们称其为创新贡献者（Innovation Contributors）。他们通常是仍处在学习阶段的新手，或者也可能是具有特定技能的专家。与内部创业者不同，他们在将创意转化为现实方面并没有起到指导作用；相反，他们被分配到纯粹凑人头或运用其具体技能才干的项目。就其本身而言，他们是很重要，但也很容易被取代。

创新领导者和内部创业者应具备的素质

在寻找人才推动企业创新时，第一步要了解：是什么让优秀的创新领导者和内部创业者脱颖而出？当你在企业架构图上填写这些重要职位时，你需要寻找哪些特质？

幸运的是，推动变革和创新的个人特质，定义创新领导者和内部创业者的关键能力——多年来已经得到了合理的界定。这九个关键品质使得创新领导者和内部创业者与众不同。

（1）全局视角

由于创新领导者的工作包括打造企业创新 DNA，他们要能够分析企业内外的大局。这包括有能力解读影响创新的内部政治形势，以及透彻了解影响企业市场机会的外部力量。这一特质对于内部创业者也有帮助，因为这也将帮助他们开发新业务。

（2）社交才能

创新需要使企业不同部门，甚至企业之外的人团结起来，拧成一股绳，推动创意发展。社交就是实现这一切的关键才能。

弗吉尼亚大学（University of Virginia）罗布·克罗斯（Rob Cross）、埃森哲卓越绩效企业研究所(Accenture Institute for High Performance Business)罗伯特·J. 托马斯（Robert J. Thomas）和戴维·A. 莱特（David A. Light）的研究显示，卓越绩效者很可能将自己置于社交网络中的关键点，并在实施计划时更好地利用周围的网络。此外，他们发现，卓越绩效者往往会在拓展专业知识、避开学习偏见和职业陷阱的关系上做投资。他们最后还发现，卓越绩效者重视社交网络，并努力建立高质量关系，而不仅仅是庞大网络。这些都是你希望在创新领导者和内部创业者身上看到的技能和行为。

（3）沟通技巧

如果没有足够强的沟通技巧，就不可能成为成功的变革推动者。创新领导者和内部创业者需要在沟通时做到条理清晰，能够说服和激励其他人，包括那些不愿变革的人。创新领导者和内部创业者代表着创新企业文化所需的开放性。

（4）乐观心态

创新领导者往往看到的是机会，而非问题；他们不会被挑战吓倒，而是备受鼓舞，因为他们相信自己有能力克服任何障碍。有些挫折会让其他人退缩，但这些乐观主义者的信念不会动摇；他们相信自己有能力实现任何自己想做的事情。

（5）激情与动力

这些人想改变世界！这种激情让他们有动力去克服阻碍前进的任何障碍。然而，如果主管们没有这种激情，企业文化也不支持这种热情，真正的创新者就会继续寻找一家鼓励他们而非挫败他们的企业。动力使他们像一块漂浮在海上的软木。不管海浪有多大，它们都会一次又一次浮出水面。

（6）好奇心

对某个主题充满激情的人往往也对其感到好奇。他们处于一种持续的学习模式中，总是想提前了解新趋势和新发展。真正的创新者也懂得，从一个领域吸取的教训往往可以用来推动另一个领域的创新，所以他们通常不会把学习局限于自己所在的狭窄领域。

对他们来说，好奇别人的工作至关重要。通过关注其他人所做的事情及其对企业的影响，创新领导者就能够更好地推动变革。

（7）相信变革

相信变革常与好奇心联系在一起，安于现状或无法在变化常带来的混乱中发展的人也无法扮演好这些重要角色。

（8）紧迫感

哈佛商学院教授约翰·科特 (John Kotter) 在领导力与变革领域是全球公认的权威，他在自己的最新著作《紧迫感》(*A Sense of Urgency*) 中指出，只有当领导者能够给整个企业注入紧迫感时，企业才会真正发生变化。要让人克服自满情绪，就必须具备与头脑（通过提出商业变革案例）和心灵（通过讲述触及情感的故事）沟通的能力。

这并不是每个人都拥有的技能。找到天生具有紧迫感的人（他们能够看到当今许多商业挑战背后的机遇，并对这些机遇感到兴奋，而非害怕挑战）将有助于你的创新工作取得成功。

（9）应对不确定性的能力

创新项目本质上就是不确定的。但是创新领导者和内部创业者则会接受市场、技术和组织方面的高度不确定性，并愿意根据他们目前所知的情况做出决策。如果出现新的相关信息，他们也可以灵活地撤销上述决定。而且，他们常常还会预见上述情况的发生，在做出 A 决定之后同时提供 B 和 C 选项。

在寻找创新领导者和内部创业者时，寻找这九种特质，将大大提高你找到合适人选的概率。

何处寻

既然现在你已经知道自己想要寻找什么，那么怎样寻找你需要的人呢？可能性如下（从易到难排列）。

（1）在身边寻找

一个寻找合适人选的简单方法就是寻找坚持不懈跟进创意的人。很多员工提交创意后会期望别人去实现。但如果你能找到一个对自己的创意表现出持续热情和坚持的人，这要好过你有 600 人，每人提交一个创意，却没人真正愿意付出努力来实现创意。有了一个坚持不懈的合格贡献者，再加上一个好创意，变化很快就能发生。

寻找坚持自己创意、独立创新，也许还会号召其他人一起创新的人。如果创意不错，还有这样的人才来推动，你就有了基础。

（2）举办内部商业计划竞赛

寻找潜在的内部创业者还有一种更为正式的方法，那就是举办内部商业计划竞赛，类似于顶尖大学举办的竞赛。这种竞赛是寻找优秀创意和优秀创新人才的好办法。第 17 章提供了如何举办这种竞赛的详细信息，企业可利用此类竞赛，创建具有特定技能和内部创新思维的人才库。

一场精心设计的竞赛可以实现多种目标：帮助你识别内部创业者，推进真正有潜力的创意，提升参赛者内部创业技能，并把优秀人才与优秀创意匹配起来。走向开放式创新之前，内部竞赛是一次很好的培训机会，可以帮助企业培养技能，打破壁垒，实现跨部门创新。当你与外界接触，需要实现跨企业创新时，这些技能都将派上用场。

（3）启动常驻内部创业者项目

为什么像风险投资公司一样起用常驻内部创业者（Entrepreneur-In-Residence，EIR）呢？ EIR 的作用各不相同，但通常是指想要创办企业的个人。有时创业者已经在一个创意上花费了大量时间，风投公司可能会对该创意的进一步发展进行投资；或者 EIR 充当“合作伙伴”，帮助风险投资家评估 EIR 擅长领域的潜在交易。EIR 还可能花时间与现有的投资组合公司合作，向其提供专业知识。在这种情况下，如果企业和高管觉得合适，EIR 有时还会以全职高管（通常是 CEO 或某些 C 级职位，如 CFO、COO 等高管）的身份进入企业。

为什么不用这个模型在你们企业内建立一个常驻内部创业者项目呢？这可以作为商业计划竞赛的补充。在竞赛中识别出具有内部创新潜力的人才之后，可以让他们担任一段时间的内部创业者。这里的关键就在于要确定这个人将扮演什么角色，而这应基于你希望此项目实现的结果。

当企业想开发一个起初由小型早期项目组成的商业活动新平台时，这种方法尤其有用。在你确定其中一个项目的全职高管角色之前，内部创业者可以就许多项目展开协商。

要问的问题

以下问题可以帮助你了解某个人是否具有内部创业者所需的特征。

（1）让应聘者举例描述他们如何以个人身份做出成果。通过这种方式，你将筛选掉那些常常隐藏在团队工作背后的人。如果想更深入一步，则可以让应聘者给出他们利用激情和动力取得成功的案例。问他们是如何克服组织、技术和市场方面的障碍的；问问他们在觉得自己没有足够信息的情况下如何做出决定。

（2）以直接甚至挑衅的方式提问，注意其行为反应。如果应聘者变得戒备且好斗，就意味着他们缺乏推动创新所需的乐观态度和开放坦率。相反，寻找那些以建设性方式说服你、让你相信他们能够顺利应对逆境和障碍的人。

（3）马克·安德森（Marc Andreesen）是 Mosaic 浏览器的联合创始人，同时是网景公司（Netscape）的联合创始人。他建议你可以通过提问来判断一个人是否有好奇心，这些问题能帮助你了解一个人在专业领域是否跟得上时代。例如，马克建议问问应聘者所在领域发生的十个最有趣的事情。对自己的工作充满好奇与热情的人都会知道，并对事情的发展方向有自己的看法。

（4）留意其客户关注度（Customer Focus）。这一特质对于内部创业者来说尤其重要，因为他们需要有业务思维，并思考用户或客户到底想要完成什么工作。对内部创业者来说，仅凭嘴上说自己关注客户是不够的，他需要把这一点放在第一位，让你相信他确实有这种思维方式。有些人会伪装，如果你感觉对方在伪装，那就继续问问题，直到看破这个人是否在虚张声势。

（5）设计与创新咨询企业 IDEO 用“T 形人才”（t-shaped people）这个词来形容那些更有可能在创新中发展进步的人。T 形人才的主要技能便是字母 T 的一竖。也许他们是机械工程师或工业设计师，但他们也应极具同理心，能够发展其他技能，如规划市场营销策略，并且他们都能做到。他们应该能够从许多不同的角度出发去探索真理，并识别出指向待完成工作的行为模式。你可以通过让潜在内部创业者描述自己的 T 形来寻找这一特质。

走出这个世界，走向创新

在这次采访中，阿尔乐（Arla Foods）前企业研究与创新总监卡斯滕·哈伦德·斯洛特（Carsten Hallund Slot）就激进式创新项目如何改变“创新方式”与企业创新思维分享了他的经验与见解。关键要有激情，且相信创新能带来变化。

有一个关于阿尔乐和美国宇航局的好故事，你能简要介绍一下吗？

卡斯滕：该项目有关拓展能力，为描述常态而走向极端。如果你想开发新汽车制动系统，那么可以从一级方程式赛车或飞机身上获得灵感，但你在食品行业中，能从哪里获得灵感呢？国际空间站就是一个很好的选择。

正是因为勇气，我们建立起了一个激进式环境，以培养解决方案和工具，这拓展了我们的思维方式和工作方式。

以制作两种新酸奶为例：一种给邻居，一种给太空宇航员。两者间差异巨大，而敢于设置这种极端挑战使我们发挥出了最大潜力，这也是 NASA 项目的主要目标。

在项目中，我们了解到自身非常擅长渐进式创新和项目管理。但另一方面，我们组织不当，对发展管理激进式创新准备不足。我们的组织结构和工具根本无法支持激进式创新。但如今，一切都变了。

除了扩展能力和改变思维方式，这个项目对阿尔乐还有什么意义？

卡斯滕：最重要的是，项目开拓了我们的眼界，让我们看到了激进式创新的机遇，使我们意识到了组织激进式创新的重要性。如果你想在食品行业保持竞争力并成为市场领导者，这一点不可或缺。

该项目还给我们提供了重新思考牛奶模式的平台。如果牛奶没有冷却会怎么样？如果冷却链断裂怎么办？这带来了许多新商业机会，我们如今便在探索这些机会。我们还看到，项目对我们的形象和身份都产生了巨大影响，影响覆盖员工以及包括客户在内的外部利益相关者。

NASA 项目结束时，我们创建了一个激进式商业开发的新概念实验室 Foodturum。

你是 NASA 项目的负责人，你从这个项目中学到了什么？这个项目对你的职业生涯意味着什么？

卡斯滕：我了解到了渐进式创新和激进式创新之间的差异，更重要的是，我学会了何时以及如何使用并平衡两者。

因为我的某些过往经历，公司让我负责创立并发展 Foodturum。在这里，我学会了如何将 NASA 项目的见解和知识引入我们的业务发展中，从而为客户和产品用户提供激进式改进（Radical Improvement）。从这个角度看，我就如何在大型国际组织中领导并管理内部创新方面学到了很多。

你能否详细描述一下如何领导并管理这类工作？

卡斯滕：关键在于领导而非管理，在于领导而非控制，这也是为什么我做了很多工作，想在阿尔乐实施我所称的视野驱动型创新（Vision-Driven Innovation）。

关键问题包括如何共享知识、如何使不同背景的人一起工作等挑战。我们还了解到将激进式创新长期“固定”在最高管理层中是多么重要。如果做不到这一点，得不到最高领导层的完全支持，你就无法取得激进式创新的成功。

你为什么认为丹麦企业擅长创新和内部创业呢?

卡斯滕:我们的组织结构扁平,其他国家常见的等级制度在我们这儿并不多,这促进了知识共享与团队合作。更重要的是,我们敢于挑战自己的心理模式和思维方式,以建设性的方式与当局打交道。我们也相信,每个人都是很重要的,人人平等,这使得我们的企业能够在创新和内部创新方面脱颖而出。

谈到创新问题,是什么让你在晚上睡不着?

卡斯滕:激情——激情和信念驱使着我,我相信创新能够给我们的日常生活带来巨大的变化。

随着 Foodturum 取得成功,卡斯滕受任阿尔乐企业研究与创新总监。这是阿尔乐努力提高创新水平(其整体业务增长战略的一部分)的直接结果。

认识一下内部创业者迈克尔(Michael)和约翰尼(Johnnie)

在这次采访中,迈克尔·凯亚尔(Michael Kjaer)和约翰尼·拉斯克·詹森(Johnnie Rask Jensen)分享了他们作为内部创业者的经历,并交流了他们对如何成为内部创业者的看法。

介绍一下你的背景,你是如何让自己有资格被称为内部创业者的?

迈克尔:我在 2000—2008 年担任 Crystal Fibre A/S 公司的 CEO。这是一家基于尖端技术的光学元件企业,为大型工业企业集团 NKT 所有。我从公司刚起步时就投身其建设发展,直至其成为该领域的世界领导者。当我 2008 年卸任 CEO 时,公司共有 32 名员工,年销售额超过 500 万美元,商业机会不断涌现,前途一片光明。

我有理学硕士和工商管理学硕士两个学位。我的上一份工作是在朗讯科技（Lucent Technologies）担任产品经理，随后在其光纤部门担任销售总监。

约翰尼：我一直在丹佛斯集团做产品开发、市场营销和销售工作。我有海外工作经历，曾帮助丹佛斯在美国创办了一家新企业，这家新企业是一家销售公司，销售产品包括丹佛斯四个部门的产品和部分非丹佛斯产品。短短 3 年内，我们使得业绩从零增长到 1000 万美元。

自 2004 年以来，我有机会领导丹佛斯解决方案（Danfoss Solutions），这是丹佛斯内部的一个风险项目。我们作为一家能源服务企业，宗旨是通过节约公用事业成本，为客户实现盈利最大化。

我认为自己之所以有资格自称内部创业者，是因为我一直以来都能够推动事情的发展，在别人看到问题的地方发现机会，把大家组织起来，并推动所有人采取行动。此外，我在丹佛斯上上下下认识几百号人，这在申请资金、支持等任何方面对我都有很大帮助。

和迈克尔一样，我同样也有工程和工商管理的混合教育背景。

你为什么选择成为内部创业者?

约翰尼：我至今都梦想着成为自由职业者，现在仍然如此，但我认为在丹佛斯成功地工作了 20 年之后，想要摆脱束缚变得越来越困难。当丹佛斯给我提供目前的职位时，我认为这将是自身抱负和欲望与丹佛斯目标的完美结合。

迈克尔：对于我来说，拥有一个新技术平台并实现商业成功将带来兴奋和挑战，这便是我最大的动力。比起以前的工作，这份工作也给了我更好的学习机会。

在成为内部创业者的过程中，你有过什么改变人生的经历吗?

迈克尔：我们一旦取得成功，都会好好庆祝。对于我个人来说，在

Crystal Fibre 获得第一份采购订单，以及历时 9 个月的谈判终于成功并签订重要互联网协议（IP）许可协议，都是非常棒的经历。

内部创业者应该具备哪些技能以及哪种思维方式？

迈克尔：内部创业者必须能够为企业找到合适的核心团队，并具备良好的项目管理技能，能高效利用有限的资源。理解客户并正确判断客户痛点的能力至关重要；拥有政治理解力和吸引母公司资助的能力也是很重要的。

拥有远见、勇气和精力是最重要的。你一定要热爱自己的事业，并且能完全接受在工作中遇到失败的风险；否则，你便缺乏精力和毅力，无法取得成功。

约翰尼：我想这取决于你在企业生命周期中的位置。在早期，你需要有远见和动力。在后期，你必须掌握组织筹备能力。这是一个巨大的转变，许多初创企业并没有做到。我认为最重要的是，你还必须是一个优秀的销售人员（无论是内部还是外部），并足够坚韧，以应对风险项目的起起伏伏。

一个企业要发展内部创业，最重要的是什么？

约翰尼：允许失败，不，鼓励失败！我坚信，除了公认的内部创业者之外，你能找到 10 倍于此的人想成为内部创业者（特别是在丹麦）。他们需要的只是一点点推动或鼓励，企业也应该为内部创业者创造职业道路。

与创业者相比，做内部创业者的最大优点是什么？

迈克尔：作为内部创业者，你可以利用母公司的实力。你可以引进专业技术、人才、知识产权、法律专业知识。母公司能为你提供分销渠道，或者直接成为你的产品客户。通常情况下，比起获得风险投资的初创企业，你的母公司更有耐心。对于像 Crystal Fibre 这样的基于平台技术的前沿企业来说，成功之路将非常漫长，因此这一点就尤其重要。

简而言之，你天生就拥有一个非常强大的商业伙伴，这大大增加了你成功的机会。

你有没有考虑过自己创办企业?

迈克尔：有过，但目前为止，我还没有遇到合适的机会。

约翰尼：我至今仍有许多创业的创意，但到目前为止我的工作一直很成功，所以并不是特别想自己创办企业。

本章要点

（1）要想实现创新，人才比创意更重要。

（2）企业开展创新项目，需要两种不同类型的人才。

- 创新领导者从事战略层面的工作，以建立内部平台，培养组织创新能力。
- 内部创业者从事业务层面的工作，将创意和研究转化为真正的产品和服务，推动业务发展。

（3）在寻找优秀创新领导者和内部创业者时，寻找那些拥有激情与动力的乐观主义者、有好奇心并相信改变的人，同时寻找有社交天赋、沟通能力强、能够应对不确定性的人。至于创新型领导者，还要寻找有大局观的人。

（4）为了找到这样的人才，向应聘者提出以下问题，以了解他们的特质。

- 他们在专业领域能否跟上最新变化。
- 他们如何克服障碍取得成功。
- 他们是否开明，是否戒备且好斗。
- 他们的思维在多大程度上以客户为导向。
- 他们是否能够利用自己的基本技能拓宽自身创新视角。

第6章

社交创新文化

强大的创新文化离不开强大的社交文化。要在日益开放、日益外向的创新环境中蓬勃发展，企业上下所有人都需要有能力建立并维持内部和外部的关系。

不幸的是，主管和创新领导者都忽视了这一领域。我记得与一家大企业的众多创新人员会面后，我与该企业一位主管交谈，我问他关于创造一个更好的社交文化的意图，他没有任何计划。我们讨论了组织社交分析的好处，这可以帮助识别拥有重要知识的人才，以及处于发展瓶颈的员工，他明白了其重要性。我们谈到了开放式创新的过程中善于处理人际关系的重要性，他也表示赞同。

然而，当我问他会如何对待社交文化时，我得到了同样的答案：他不打算采取任何行动。为什么不呢？“这类问题不需要我们操心。”他说。

他真是大错特错。创新文化并不会自己生成，社交文化也是如此。这需要一个自上而下的方法，主管和创新领导者制定战略，设定目标，并为社交项目提供方法和工具。此外，他们还要想办法投入其中、共担风险，使员工相信他们是认真的。

社交文化为什么很重要

一旦你着眼当下及未来的创新方向，打造社交文化的动力就显而易见了。我们先看看独行天才的故事：从前，托马斯·爱迪生（Thomas Edison）和亚历山大·格雷厄姆·贝尔（Alexander Graham Bell）一类的天才，凭一己之力就能取得突破性创新。这种模式在当时不是真的，即使是真的，在当今复杂的商业组织中也根本不成立。技术和亟待解决的挑战已经变得非常复杂，许多（甚至是大多数）企业已经不能仅仅依靠内部创新天才，不管这些人有多么聪明。

创新的重点更在于让不同的人聚在一起，利用他们的多样化技能和专长，解决跨学科的多元挑战。要想在你的企业内做到这一点（并且随着你向开放式创新迈进，将这一点拓展到企业之外），就需要一种由企业领导设计、支持并塑造的社交文化。

甚至那些尚未完全接受开放式创新的企业都发现了这一问题，随着更多企业将内部研发部门部署到企业总部之外乃至世界各地，员工的社交思维方式也必须得到进一步拓展。员工们开始思考：谁应该创新，创新应该在哪里进行。尽管这是积极的，但在这种情况下，成功与否很大程度上取决于员工有没有能力发起、巩固并利用外部关系。

开展社交项目的另一个关键动机是基于一个简单的事实，即任何企业的知识都存在于员工的头脑中，发现并传播这些知识一直是个挑战。如今，通过虚拟网络、面对面网络以及社区来利用企业集体知识和经验的能力已经成为创新的关键。此外，要想打造从外部获取知识和潜在创新见解的能力，需要一种由高层支持并塑造的强大社交文化。

社交文化是什么样的

那么，良好的社交文化是什么样的呢？这个概念很新，可用以说明的例子并不多，但良好的社交文化拥有以下关键组成部分。

（1）高管和创新领导者明确概述了员工需要发展和培养内外部关系的战略原因，包括明确企业社交文化如何与创新战略相联系，并为创新战略提供支持（当然，创新战略是整体企业战略的产物）。

（2）在制定社交文化战略时，要考虑的问题之一是：你希望构建什么样的社交网络来支持你的创新工作。如果你的企业正向开放式创新迈进，那么可能包括为不同企业开放式创新人员建立点对点网络（Peer-To-Peer Network，即P2P，一种基于共享互联的分布式网络模型，又译为对等网络）、价值链和供应链网络、馈线网络（Feeder Network），以及将问题解决者和创新者与企业联系起来的活动和论坛。

（3）领导者对建立社交网络的投入是真实且高度可见的。

（4）领导者必须说到做到，而不仅仅是动动嘴皮而已。领导者出席社交活动，并成为虚拟网络工具的可视用户，以模拟期望行为，并激励其他人参与。毕竟，谁不想有机会与高层交流？

（5）领导者还应尽可能多地分享他们建立社交网络的经验。传播自己与他人社交成功的案例。听领导者反复谈论社交文化对企业创新工作如何有利，能够让员工更加意识到社交的重要性。

（6）社交活动与企业文化紧密相连。这不是万能的，每个企业的社交工作都有所不同。你可以从别处借鉴学习，获取概念和理论、知识和经验，但你仍然要让这些东西为你自己的企业发挥真正的作用。

（7）员工有时间和方法去社交。企业要经常给员工提供机会，帮助他们提高社交技能。不是每个人天生都擅长社交，但是通过适当的训练和鼓励，几乎每个人都能成为社交能手。

（8）虚拟社交和面对面社交都应得到鼓励和支持。Web 2.0 工具和便利的社交活动最大限度地增加了人们开启并建立牢固关系的机会。

三种社交类型

当你需要决定如何在企业中构建社交文化时，重点要了解社交是如何发挥实际作用的。弗吉尼亚大学麦金塔尔商学院（Virginia's McIntire School of Commerce）管理系副教授罗伯·克罗斯（Rob Cross）是企业社交（以及企业社交如何支持创新）领域的专家，也是社交圆桌会议（The Network Roundtable）的创始人之一。我曾拜访过罗伯并与他互动，从中学到了很多东西，我建议大家可以看看他的网站：www.robcross.org。

罗伯·克罗斯已指出了企业内你应该注意的三种社交类型。分别是：

- 中央联络人（Central Connectors）；
- 中间人（Brokers）；
- 外围人（Peripheral People）。

中央联络人是那些直接联系最多的人。他们可能是正式领导者，或是试图成为领导者的政治人物。每个人都在寻找这类人，要么是因为中央联络人能带来变化，要么是因为他们造成了自己的发展瓶颈。后者可能成为创新方面的一大问题，毕竟在创新领域，你往往需要动态流动。专家也是一种中央联络人，当所有人都在问专家问题时，他们有时也会被过度利用。有时专家必须受到保护。

中间人是高影响力的员工，他们跨越如职能、技能、地域、等级、种族和性别等界限，将不同的人连接起来。中间人具有推动变革、传播或创新的影响力，他们还可以扮演关键联络或跨项目的角色。

据克罗斯称，中间人通常处于临界点，因此传播信息的速度比领导者和中央联络人都要快。即使是在一个小群体中，中间人也是传播信息的最有效手段。中间人的基层信誉和专业知识得到同行公认。相比之下，指定专家或领导者在社交网络中可能影响力不大，人们更倾向于咨询中间人并听取他们的意见。中间人沟通不同的观点，理解不同群体的文化规范和行为，这往往是那些熟悉自己的小圈子、处在自身舒适区的人做不到的。

外围人可能是新人、专家、销售人员、表现不佳者或文化上格格不入的人。他们处在社交网络的边缘。克罗斯了解到，通常有30% ~ 40% 的外围人希望与他人建立更好的联系，但都遇到了障碍。这类人身上的专业知识尚未得到开发，但又有着当逃兵的巨大风险。外围人尤其需要社交培训，也需要比其他人更多的社交鼓励。

了解这些不同类型的社交能让你思考自己的企业中有哪些社交类型，以及哪些类型的社交方法可能最有效。例如，如果你的企业中有很多外围人，那么企业就需要花更多的时间在社交技能培训上。此外，作为领导者，要思考如何以最好的方式与不同类型的人共事，从而发挥他们的最大潜力。

虚拟工具

许多人将社交视为锦上添花的好事，而不是必须完成的任务，日常业务的压力往往导致建立人际关系网被排在待办事项清单的底部。因此，你不能想当然地认为社交会自己发生。你必须在工作场所建立机制，鼓励人们定期开展内部社交以及外部社交。如前所述，你将需要多种虚拟社交工具和实时社交机会。

我们先谈谈虚拟工具。Web 2.0 应用程序使不同规模的企业能够让各级员工参与到活动中去，帮助他们构建并维护遍布整个组织的强大社交网络。这些工具快捷、简单、便宜，包括：

- 博客；
- 信息标签；
- 微博（如 Twitter）；
- 社交网络；
- 维基网站；
- 播客。

有企业报告称，他们使用类似文本消息的技术，限制发文字数，让员工在封闭的企业网络上进行互动并从中获益匪浅。这样做的好处包括方便员工保持联系、改善有关信息的跨部门流动，以及在世界各地之间架起桥梁[1]。即使 Twitter 有 140 个字符的限制，人们也可以从个人和专业角度更多地了解彼此，从而加强联系，使彼此更加愿意交流及合作。

麦肯锡咨询公司（McKinsey & Company）几年来一直在跟踪这些技术在企业中日益提高的普及程度。他们对那些内部使用 Web 2.0 技术的企业开展了研究，结果表明，仅仅提供这些工具是不够的。你不能仅仅创建完工具就期待人们立马参与其中。企业必须努力确保员工的广泛参与，才能使这些工具取得成功。

要想最大限度地利用这些工具获得成功，麦肯锡建议：

（1）领导者的支持必须显著；

（2）允许员工自行确定虚拟工具的最佳用途，而不是强行规定员工应如何使用；

【1】Rob Cross, Andrew Hargadon, Salvatore Parise 和 Robert J. Thomas, “Together We Innovate”《华尔街日报》, 2007 年 9 月 15 日。

（3）为工具用得好的员工提供高度可见的认可；

（4）设法减少领导者和管理者对这些工具的使用方式的担忧。这些工具足以暴露组织内部的分歧。在博客或社交网络上禁止匿名发文是明智的做法，并设立审查部门，以识别不当发言。

网络工具（Web Tools）发挥作用

Web 2.0应用程序可以极大改善企业内部的知识流动，包括与创新相关的信息。有这么一个例子：

我与一家全球性企业有联系，这家企业希望克服创新过程中的瓶颈。该企业拥有来自各个部门的大量创意，但没有办法将这些创意按重要性排列，并分配给能够落实这些创意的人。通过外部服务提供商，该企业使用Web 2.0技术使创意进行跨部门交流，从而能够生成创意、筛选创意，并给出最重要创意的入选名单。

还有一个同样重要的成果：企业所有员工都能够开展创意合作，并轻松交流。这能加强关系，并在创意交流之后保持信息分享。

面对面社交

几年前，有家大企业处在创新和社交网络/社交关系的交叉路口，我帮助了一下。我们从工作中学到了很多，为如何组织面对面社交提供了重要的指导。

该项目涉及以下问题。

（1）创建一个非正式的平台，让员工分享创意并共同推动创意发展。

（2）帮助员工了解人际关系的价值，开发提高社交技能的工具。

（3）增强员工内部关系，建立更稳固的外部联系。

我们举行了几次简短的非正式会议，讨论了如何让创新和创业能够进一步发展。会议没有 PPT 演示，而更像发言人访谈和小组讨论。通过这次活动，我得出了创建内部创意市场的五个重点。

（1）短时间、高频率：相关会议要做到简短、频繁。在如今的商业界，时间至关重要，你必须在尽可能少的时间里给员工提供尽可能多的机会来互相联系。考虑一下举办午餐学习会：每个人都得吃饭，那为什么不边吃边互动呢？

（2）把会议变成创意平台：有创意的人从来不缺，缺的是擅长提出创意的人。你可以把这些会议变成一个平台——一个接收、分享和发展创意的工具。许多企业都缺少这样的平台。为了让这类平台更有效，你需要：

- 使用书写板（实物板和虚拟板均可），员工可以在上面简要解释自己的创意并相互联系；
- 利用促进者（facilitator，人脉较广的员工）帮助人脉不广的同事相互建立联系；
- 利用电梯演说。给员工三分钟时间解释他们的创意和需求。同行的回应将是一个很好的指标，可用以衡量是否应推进这些创意。

许多企业表示，他们有接收创意的平台。有时平台只是一个邮箱。只要你能避免最严重的错误（没有后续跟进，也没有与提交者保持沟通），就没关系。

（3）帮助管理者看清大局，管理者对内部创意市场会有两大担忧：一是管理者如何控制员工所花费的时间，管理者如何知道时间是否花得值？二是创意平台将如何影响当前的项目组合？这都可以理解，但在现实中，这些往往都不是大问题。热爱手头项目的人总会找到时间投入工作。他们的日常工作不会受到太大影响，因此管理者们也就不会那么严苛。

创意生成项目应受到监督管理，以确保其符合总体投资组合战略。保持报告机制尽可能的宽松。管理者不仅应关注创意，还应注重寻找能够推进创意的人。如果你创建一个让员工自由发言的论坛，你会发现你以前所不知道的创新者。

（4）快速做出决定：当然，员工应该利用市场来交换、反馈意见。但是，你也可以开发一个创意决策工具，我们把这叫作 Pitch Pit。想象一下，在一场公开会议上，团队向高管们展示他们的创意，高管有权当场做出“去”或“留”的决定。

“留”的决定应带来必要的资源（研究创意的时间、其他部门的通行权，以及财务支持），以确定该项目是否值得开展。如果做出“去”的决定，这个创意应立即终止，或者与其他有希望的创意进行合并。这是一个很好的机会，能让市场促进者发展其概述能力和社交技能。

（5）通过使用维基网站风格的项目站点来实现虚拟和现实的混合：维基网站风格的项目站点可用于知识共享、合作创新以及学习。此类站点还可以包含一个信任投票机制，让每个人都能看到企业对某个具体创意的信任度，这些站点的透明度和协作程度将帮助高管做好参加 Pitch Pit 的准备。

在创新市场中，项目将打破企业壁垒。员工在真实（尽管是早期阶段）的项目中工作，可以真正地相互了解。即使许多项目将会失败，这种关系也将十分宝贵。还有一点，想象一下，如果你让外部伙伴参与这些活动，你能做些什么？是的，处理这个问题确实会有困难，但是回报也是值得的。

潜在障碍

我曾经与那些尝试建立社交文化的企业合作过，因而发现了一些原因，解释了为什么这些企业的尝试会失败，或者成果达不到预期。

（1）缺乏时间和技能：我们中的很多人根本没有时间或技能去社交并经营关系。制定战略、启动项目是有必要的，但主管和作为创新领导者的你也需要给员工时间来学习社交技能，给他们时间建立并维护内外部关系。

（2）缺乏重点：只有将拥有共同经历、热情、兴趣、归属或目标的人联系起来时，一个社区或一个网络才会发挥作用。你的员工需要有渠道找到并加入适合他们、适合企业的团队。换句话说，你和你领导的团队应该只在合适的时候开展社交。随意社交少有成果，只会浪费时间，还会影响人们对社交的重视，使他们更不愿意社交。

（3）我们太老了：很多 28 岁以上的人根本看不到如 Facebook、LinkedIn 和 Twitter 等 Web 2.0 社交工具的价值，这方面确实是一个真正的代沟。我们这群年纪更大、更睿智的人仍是掌舵者，但 5 年后，随着 Facebook 一代涌现出第一批领导者，这种情况将开始改变。10 年后，规则将由他们来定义。为什么不现在就弄清楚这些工具的运作方式？为什么还干等着呢？

一些企业已经开始这么做了。例如，百思买（Best Buy）的零售员工大多是 16 ~ 24 岁的年轻人。最近，6 名擅用高科技的年轻工人与 3 名专业开发人员合作，在百思买的运营中建立了在线协作。该团队迅速而低成本地创建了一个维基网站，让企业员工就竞争和流行趋势提出各自的见解，这一切对创新工作都很有帮助。

有证据表明，老一代正迅速适应 Web 2.0 世界。例如，2009 年 7 月，Facebook 的用户统计数据显示，最大的用户群体占比为 28.2%，为 35 ~ 54 岁年龄组。在过去的六个月中，55 岁及以上的用户从 95 万人增长到 590 万人。[1] 就我个人而言，我发现 LinkedIn 非常高效，能让我把对我工作感兴趣的人聚集起来，建立起一个全球虚拟社交网络。我已经与数百人建立了联系，他们都与我分享了自己对于领导创新的看法。LinkedIn 还可以构建仅包含企业内部人员的团队，因此它是一个快速、有效的工具，可以鼓励整个企业就创新问题开展社交。

【1】Stan Schroeder，“Facebook Users Are Getting Older. Much Older” July 7, 2009,http://mashable.corn/2009/07/07/facebook-users-older.

（4）缺乏投入、结构混乱："社交自己会发生，不需要你操心"的态度并不是发展核心创新技能应有的态度，建立社交文化需要足够的投入和良好的结构。

在研究许多企业的社交网络时，罗伯·克罗斯及其同事发现了另外三个常见问题[1]，这些问题阻碍了所有企业（不管规模是大是小）的社交与协作。

（1）缺乏沟通：企业的结构是否把可能合作创新的人隔离开了？这个问题可能涉及后勤工作、地理位置或官僚主义。找出造成这些障碍的原因，并建立体系，帮助人们绕开这些障碍，打破壁垒，鼓励跨部门的社交与协作。

（2）糟糕的看门人：企业的信息和决策网络是由少数专家主导的吗？这些看门人对于新创意是否拥有良好的判断力？他们在某个领域的专长是否使他们看不到其他领域新创意的潜力？建立维基网站和类似的工具来鼓励信息共享，确保没有任何个人或团体垄断信息。

（3）孤立隔绝：如果你已经将创新外包以减少开发时间和成本，那么你是否已经建立起强大的社交网络、拥有正式的通信线路，以确保自己始终掌握外部伙伴的最新近况？不要仅仅依赖企业关键员工之间的非正式联系，这会带来挫折和不愉快的意外。当你走向开放式创新时，避免孤立隔绝同样重要。在开放式创新环境中，必须建立合适的机制，以鼓励人们与外部伙伴建立牢固关系。

本章要点

（1）创新文化要想变得开放、外向，离不开社交文化。你的企业需要制定合适的战略，在企业内培养社交专业知识。

（2）即使你并没有使用开放式创新模式，在全球大环境中工作的员工也需要知道如何与偏远地区的人建立联系。

【1】Michiae Chui，Andy Miller And Roger Roberts, "Six Ways to Make Web 2.0 Work"，麦肯锡季刊，2009年2月。

（3）社交文化需要：

- 明确说明人们需要发展并维护内外部关系的战略原因；
- 领导者对社交的投入；
- 与企业文化紧密联系的社交活动；
- 频繁的虚拟活动及面对面活动，让人们提高个人社交技能。

（4）密切关注企业中的三种社交类型：中央联络人、中间人和外围人。

（5）部署 Web 2.0 应用程序，以促进内部和外部的社交。

（6）将面对面社交的效果最大化：

- 强调短时间、高频率；
- 将会议变成创意平台；
- 帮助经理关注大局，避免他们因担心员工社交会影响工作而制造障碍；
- 快速决定哪些创意有益于创意市场；
- 使用维基网站风格的项目站点来实现现实和虚拟的融合。

（7）建立社交文化时避开以下障碍：

- 时间或技能不够；
- 缺乏重点、投入、结构和沟通；
- 糟糕的看门人；
- 孤立隔绝。

第二部分　障　碍

所有形式的创新（包括开放式创新）都充满了危险。你将来遇到的许多障碍都涉及人事问题。不幸的是，很多企业在出现这些问题时都认为是现有的创新过程出了差错。因此，他们淘汰了旧过程，引入了新过程，但根本问题并没有得到解决。这创造了一种“一月一过程”的环境，在这个环境中，创新过程不断变换，员工对此感到非常厌倦。

在本节讨论高管以及我所谓的企业反抗分子如何阻碍创新时，我们将重点关注人事问题。我还将谈谈如何积极主动地避开这些障碍。本部分最后一章将谈到激进式创新，我相当肯定，这将给一些读者带去启发。

第
7
章

为什么高管不理解创新，

更不用说开放式创新，这该如何应对

许多创新领导者都难以从企业高层获得所需的支持。高管们可能善于谈论创新，在公共场所尤为如此，但在决定创新项目去留的关键时刻，又往往无法付诸行动。

这似乎自相矛盾，因为每个人都知道，创新，尤其是开放式创新，是 21 世纪商业成功的动力，对吗？嗯……算是吧。企业领导人可能在理智上承认创新的必要性，一有机会就会吹嘘自己坚持创新，但他们往往无法真正理解创新。因此，他们会成为你成功成为创新领导者的一大障碍。

2007 年创新领导力中心（the Center for Creative Leadership）调查了 247 名拥有 15 年以上管理经验、曾管理 500 人以上团队的高管和领导者，以期找出领导力发展趋势。这些领导者中有 50% 的人认为自己的企业在创新方面首屈一指。[1] 事实上，要么是他们不想承认自家企业做得不好，要么就是他们眼中“首屈一指”（通常定义为前 5% ~ 10%）的标准很低。我曾与世界各地的企业共过事，根据我的经验，预计只有不到 10% 的企业在创新方面做到了世界一流。

然而，即使我们承认 50% 这个数据是准确的，这其中仍有较大的进步空间。因此，你难道不会认为这些领导者会寻求一切可能途径来提高企业的创新能力

【1】Corey Criswell and Andre Martin，“10 Trends:A Study in the High Executive’s Views on the Future”, Center for Creative Leadership, 2007,6.

吗？不幸的是，下一个问题的回答表明情况并非如此。当被问及“正在采取什么行动来促进企业创新”时，回答“正在尝试多种战略”的受访者比例出奇地低。

例如，最受欢迎的战略是实行公开创新过程，只有 25% 的受访者认为企业正在采取这种战略；仅 17% 的受访者表示他们重视人才与人才培养，这也是第二种常用的类别；只有 13% 的人说他们实施奖励 / 表彰计划来支持创新。

我认为，这些回应表明，CEO 们在打造创新文化方面所做的工作确实少得惊人。若确实如此，肯定有 10% 以上的领导者会说自己在追求创新时遵循的是行业最佳做法。[1]这大概能解释为什么我的社交网络团队中，只有大约 25% 的成员说他们 CEO 的创新观念正确，足以推动企业在创新方面取得成功。

为什么企业高管不支持创新

尽管当今商业环境要求创新（包括开放式创新）成为核心能力，但 CEO 等高管往往还是不支持创新，我认为原因如下。

（1）对短期收益的需求几乎总是占上风

上市企业的高管们正面临着巨大压力，需要每个季度都拿出强劲的财务业绩。博思艾伦咨询公司（Booz Allen）在 1995—2006 年进行的一项年度研究表明，上市企业的高管们必须取得成果才有回报，他们的工作保障也越发依赖于此。在跟踪全球 2500 家最大上市企业的 CEO 更替率时，博思艾伦发现，同一时期，CEO 年更替率增长了 50%，这意味着 CEO 总体上面临的风险增加了。同样有趣的是，1995 年，某个业绩不佳（投资回报率低于平均水平）的 CEO 任职时间与业绩优异的 CEO 一样长；但到了 2006 年，投资回报率高于平均水

【1】Criswell and Martin, “10 Trends,” 7.

平的 CEO，其任职 7 年以上的可能性几乎是投资回报率低于平均水平的 CEO 的两倍。[1]

在这种情况下，CEO 根本没有空间可以冒险支持那些短期看不到效果，甚至会对盈利产生负面影响的创新工作。这也是为什么如今的企业都过于注重渐进式创新。理想的情况下，董事会会要求创新投资按照普遍接受的标准进行，即 80% 用于渐进式创新，20% 用于颠覆式创新，以确保企业的长期健康发展。然而，很少有企业拥有衡量创新的标准，董事会向主管支付的薪酬也并不以创新目标为依据。诸如创业精神、创造力和冒险精神这样的动态价值均未得到衡量，更别说成为奖金发放的依据了，这就导致了企业对渐进式创新的过度重视。

目前，领导者之所以能够登上顶峰，是因为他们能够根据华尔街所钟爱的静态金融指标开展生产。通常只有当危机爆发、企业陷入困境且无法满足这些财务指标时，许多董事会才会开始要求创新，当然，创新不可能一蹴而就。

有些大企业仍由创始人控制，在与其中几家共事后，我想说，例外往往就是发生在这样的企业。他们不太容易受到这个创新难题的影响，因为创始人一般都坚定地致力于确保企业的长期健康发展，而不仅仅只关注季度业绩。

（2）高管错过了创新教育

很多高管在接受商业教育时，创新尚未成为 MBA 课程的重要内容。高管们可以利用经验来弥补错失的创新教育，但许多人也错过了在工作中接受培训的机会，因为创新培训通常是自上而下进行的，而非自下而上。而当高管们获得了大部分经验后，创新就更加得不到关注，他们也就被训练成了问题解决者，而非创新者。

20 世纪 90 年代初至中期，当克莱顿 · 克里斯滕森 (Clayton Christensen)、加里 · 哈梅尔 (Gary Hamel)、C.K. 普拉哈拉德 (C.K.Prahalad) 等权威领袖开始

【1】“CEO Turnover Remains High at World’s Largest Companies, Booz Allen Study Finds,” Booz Allen press release, May 22, 2007, http://www.boozallen .com/news/3608085.

关注创新时，创新培训实现了重大突破。就在那时，顶尖商学院开始提高创新在MBA课程中的地位。在这些课程中接受过培训的人如今也已经达到了高管级别。我希望这能使领导者更好地理解如何制定创新战略并坚持下去，无论在繁荣时期还是低迷时期都不可放弃。

调动到新企业的创新领导者已经逐渐做到高管级别，这是一个积极的变化。我知道有几位创新领导者在调动到寻求创新战略的企业时就已经晋升到最高层。起初，他们是创新领导者，但是当新企业CEO发现了他们在思维和技能方面的潜力时，他们很快就得到了提拔。

（3）高管是规避风险的

创新，特别是开放式创新，在许多层面其实都是很可怕的。有些人由于了解现有业务，得以晋升到企业最高层，但对于考虑新业务模式或追求高收益、高风险的突破性创新，他们并不感兴趣，因为这可能意味着他们的业务专长会被淘汰。谁愿意承担重大创新项目在自己眼皮子底下失败的风险呢？

真正了解创新的人会把失败视为创新的内在组成部分。他们知道，通往成功的重大教训往往来自最惨痛的失败，不允许失败的态度与创新文化背道而驰，但这无法容忍失败的态度也恰巧是太多企业领导者所持有的态度。

（4）高管是控制狂

创新要想做得好，既需要正确的人，也需要正确的过程。如果过程不到位，就会导致混乱和失控感。虽然许多高管都应该接受培训，以学习如何建立恰当过程，但他们也需要为意外情况腾出空间，创造一个足以应对多种不确定性的环境。你必须适当放权，而这对于奉行严格化管理的高管来说可能是一件难事。在创新环境中，特别是在开放式创新环境中，能够适当放权、为外部伙伴创造双赢局面已经变得相当重要。

（5）领导人可能缺乏X视野

领导和经理经常因为仅仅在某个业务部门中表现优秀而受到提拔，如研发、销售、供应链或金融等。他们很难形成跨部门视野，难以在价值链和创新过程中融合若干要素。他们缺乏 X 视野——跨业务部门工作，开展多样创新，将创意转化为可营利产品、服务或业务方法的能力，他们也没有对员工开展 X 视野的培训。X 视野的重点在于思维方式，可以通过培训、辅导以及轮岗制来培养。

（6）高管不理解社交文化对于开放式创新的重要性

我在第 6 章中谈到，在一个开放式创新的世界中，你需要精通社交、擅长建立关系，在企业和个人层面都是如此。因此，我曾问过领导者和管理者，建立社交文化所需的战略、投入和体系在哪里，但许多人并没有花心思去思考这个重要的问题。

随着开放式创新的发展，高层会听到许多揭示社交文化重要性的案例。这种接触有助于他们理解培养社交文化的重要性。于是，他们便可以发起更具操作性的项目。我知道一家全球性企业的副总裁就在试着这么做，这位副总裁从创新部门中找了五个在不同领域拥有外部联系的员工。这五个人拿到了一笔预算，要实现一个开放性目标：用一年的时间建立关系，从而带来新型创新。他们一边摸索一边学习，不断调整目标和预算。

（7）高管脱离实际工作

当你不必实现创新时，鼓吹创新易如反掌。我曾遇到过好几次这样的情况：中层经理更愿意专注于日常业务，而不愿支持创新工作，于是，创新领导者不得不与中层经理博弈。这些创新工作虽然可能会占用当前的资源，但对未来整体业务将有极大的促进作用。

问题在于，高管对中层管理人员的表彰奖励是基于他们的工作完成情况，这可能与创新背道而驰。但高管们往往离实际工作太远了，无法理解这种报酬体系会让创新领导者更难以实现既定目标。这就是为什么当你与另一名主管争取资源或进行意志较量、迫切需要 CEO 的支持时，你经常会发现 CEO 选择保持现状。大多数领导更乐于奖励核心业务，而不是追求未经考验的新事物。

不幸的是，董事会成员往往也面临同样的问题，因此不能有效地推动高管层实现创新。在过去几十年里，以改善企业治理为名，熟悉企业情况的内部人士越来越多地被外部董事所取代。这些外部董事的筛选标准通常是影响力和知名度，他们与企业并没有真正的联系，因此，他们可能不太了解企业复杂的核心技术。外部董事也许能与华尔街的精英人士高谈阔论，说得天花乱坠，但当需要为企业制定政策时，他们往往没有培养创新的意识。

如何在这种环境中工作

高管不理解创新，甚至更糟糕的是，高管就算理解创新也不愿完全接受创新，而董事会又关注短期财务目标，在这样的环境中工作对于创新领导者来说是一个重大挑战。在这样的环境中，尤其当你面对的是开放式创新这么复杂的目标时，你能怎么做？根据自身经验，我提供如下方法。

（1）挑战并拓展高管的思维方式

创新是一项整体性活动，需要企业每个人都能理解并接受。因此，你的创新培训计划也应该包含高管。如此一来，他们在学习创新的过程中，还能创造创新的共同语言，这是推动创新的重要因素之一。

我曾经在一家企业做过一次演讲，听众是相当典型的群体——研发人员外加几位创新领导者，但有一个人并不常见：那是一位财务人员，他问了一些很好的问题，并且听得非常投入。直到演讲结束，我才知道他不只是财务人员，他其实是企业的 CFO。最近加入该企业的创新领导者希望让所有高管都能明白他们在创新方面也有自己要扮演的角色，并取得了一定成效。创新领导者利用十种创新类型框架（参见附录）让这位 CFO 明白自己也应该参与其中。

企业的创新文化和创新水平通常可以通过参加内部创新活动的人数和类型

来衡量。如果活动已经通知到了企业所有业务部门——不只是应该关注创新的人——你就可以简单看到参与者的多样性。参与者越多样（无论是部门多还是级别多），该企业的创新文化就越好。因此，当你开始开展培训工作并努力创造共同语言时，一定要确保覆盖到包括高管在内的每一个人。

（2）帮助高管理解并接受为什么创新战略应与整体战略紧密联系

这么做将使高管更加重视创新，因为他们都是总体战略的既得利益者。你需要为高管做一个详细的计划，阐释从企业战略到创新战略的路径，说明你目前正在探索各大创新要素。无论什么时候做展示，都一定要把这个计划包括在内，提醒自己做展示的初衷。

在这种情况下，你还须理解同辈的压力，即使在高管级别也是如此。重大决定都应尽量由团队做出。如果领导者在职位相当的同事面前承诺了提供资源和支持，即使日后想反悔，也更容易被追究责任。

（3）了解高管，尤其是 CEO 的真正关注点

CEO 是更关注盈亏底线（精简流程、降低成本等）还是营收顶线（销售增长）？你要确保自己发起的创新项目处在高管关注的领域内，并获得影响高管关注点的关键人士的支持。如果你能找到方法让自己的创新工作与高管的关注点相匹配，从而让高管重视这些工作，你就能在这些领域中不断取得成功，从而取得长期发展，这可以帮助你赢得必要的支持，以便日后开展更大规模的创新计划。

（4）利用企业沟通的力量

如果你不得不对高管进行创新培训，那么你应该多下功夫，与企业沟通部门建立良好的合作关系，确保他们了解你的工作及其对企业的重要性。他们可以在内外部组织故事，营造出一种公司在创新方面正在大步前进的氛围，同时让人们意识到还有足够的进步空间。当你需要寻求资源和支持时，这种氛围会对你有所帮助。

（5）不要启动太多项目

大多数创新领导者都是干劲十足的人，他们在变革中茁壮成长，能够同时开展多项任务。但请记住，许多企业领导者并不具备这些特质，他们更喜欢保持现状，对任何新事物都没有兴趣。因此，当你想启动一系列项目时，最好聚焦重点，不要同时向多个方向前进。

（6）实现小目标

实现一些小目标能让高管们相信你理解他们对短期成果的重视。这将使他们更信任你的总体计划，也更愿意让你去追求更大的创新目标。

在整个组织体系中，有一部分领导者是你无法撼动的，那就是董事会。董事会决定 CEO 人选，通过 CEO 来领导高管，还负责制定下发薪酬和奖金的规则。董事会拥有极大的话语权，足以决定创新能否获得所需要的支持。不幸的是，作为一个创新领导者，你几乎无法影响董事会。

这时，你可以考虑最后一条建议：如果你发现自己经常因为领导团队不理解或不支持创新而烦恼，就需要思考自己是否处在合适的位置——你可能不应该再干下去了。大多数情况下，我建议你在说服高管支持创新方面最多给自己两年时间。

本章要点

（1）高管往往成为创新的主要障碍，因为他们：

- 关注的是短期收益；
- 错过了创新教育；
- 规避风险；
- 是控制狂；
- 缺乏 X 视野；

- 不理解社交文化的重要性；
- 在创新方面脱离实际工作。

（2）你可以通过以下方式克服这些障碍：

- 挑战并拓展高管的思维方式；
- 帮助他们理解并接受为什么创新战略和整体企业战略要紧密联系；
- 了解高管的真正关注点；
- 利用企业沟通的力量；
- 实现一些小目标，不要同时启动太多的创新项目。

第8章

击败

企业反抗分子

对于典型企业组织体系来说，其内部有许多元素都惧怕变革。变革威胁着人们的权力、地位、自我，在某些情况下甚至威胁到他们的工作。变革会使一个人的专业知识过时，从而使他被淘汰。由于人们害怕变革，创新工作往往会导致企业出现大量反抗分子，这些人的目的是扼杀创新、维持现状。

当企业走向开放式创新时，在封闭式创新体系内造成焦虑的因素可能会显得更具威胁性。主管和经理可能会认为，只要一切发生在企业内部，他们就可以控制变化的程度，并根据自己的需要加以调整。但是一旦开始引入外部力量，情况就完全不同了。原因之一是，与开放式创新相关的变化影响了整个企业。这不仅仅是由研发人员或创新人员推动的，如果你想在开放式创新中取得成功，就必须改变诸如销售、供应链、生产等业务部门，以适应新的外部伙伴。这可能对许多人来说都是可怕的。

检测反抗分子

企业内的反抗分子可以通过这些话来体现：

- “我们已经试过了，但没有成功。”

- “多年来我们的工作一直做得不错，没有必要改变。”
- “我们目前的产品仍然可以营利；我不明白我们为什么要把钱花在一些甚至不会有效果的新事物上。”
- “我们多年前就考虑过这个创意，但已经放弃了。”
- “如果这是个好主意，我们早就想到了。我们毕竟是这方面的专家。”（针对来自外部的创意）
- “让我先唱唱白脸……”
- “我当然是支持创新的，我只是觉得现在不是做出重大改变的时候。市场还没有准备好。”

说这些话的人可能真的相信他们所做的是对企业最好的，或者他们可能把个人利益放在了企业忠诚之前。有些人成为反抗分子是因为他们认为自己的观点没有得到足够的重视,这种想法会使他们不断地站在消极的一方或“唱白脸”。他们经常会说“我真的不想提这一点，但是……”，接着便是一大堆负面内容。

但并不是质疑改变的必要性或改变的方向的人都是反抗分子，真正的创新需要来自各个方面的反馈。我所说的反抗分子指的不是提出建设性批评的人，而是长期态度消极、故意拖延、设置不必要的障碍的人，他们对创新真正构成了威胁。

以下是企业反抗分子在创新的三个阶段经常出现的情况。

（1）发现阶段

通常在这个早期阶段，人们似乎都会对创新持怀疑态度，但态度往往还算相对开放，反抗分子一般还不成大问题。

（2）孵化阶段

这可能是较量开始的地方，因为人们开始意识到拟创新项目可能危及自身地位或影响力。大多数人倾向于将变革视为威胁，而非机遇。因此，当大家决定阻止你而非支持你时，你将陷入权力的争斗之中。

（3）加速阶段

在最后阶段，你需要应对的企业权术争斗是最棘手的。当创新明显正在向前推进时，有些人甚至会争着将项目据为己有并加以控制，即使在此前的每一步他们都在反对创新。

解决办法

你要意识到企业反抗分子一定会在创新过程的某个时刻出现，在此之前你要制定好应对策略，这样能帮助你应对部分想要阻碍变革并维持现状的人。以下是一些可用之计。

（1）让人们成为支持者而非反对者

这一点越早开始越好。如果你是积极主动而非被动应对的，有时也可以将反抗分子纳入创新过程中来，尊重他们的自我价值，并使他们感到自己的创意和权威得到了适当的认可，关键是要让他们觉得自己可以在塑造企业未来以及改变自身命运方面发挥重要的作用。让大家团结起来，促进知识共享、关系建立，拓宽每个人的视野，让人们参与到创新过程中来。

（2）保持低调

在某些情况下，最好的选择是尽可能低调行事，不要太早地吸引别人的目光。这将帮助你避开那些想要霸占创意或创新过程的人，以及想要将企业标准过程应用到项目上（这么做会彻底毁了项目）的人。

（3）建立合适的框架和过程

制定关于如何推进创新项目的内部规则，可以减小内部创新失败的可能性。有了合适的框架和过程，就更容易推进项目，避免让项目陷入毁灭性的内部斗争之中。然而，我在第 7 章中就讨论过，对于那些主管不了解创新过程的企业来说，做到这一点可能并不容易，这也是需要为高层领导提供创新培训的又一个原因。

（4）提供高度自主权

避免反抗分子带来危害的另一种方式便是设立高度自主的创新委员会或独立预算、独立目标的单位。有了这样的结构，哪怕主管不愿意将政治资本用于支持创新或认为变革会对自己的职业生涯产生负面影响，创意也能得到保护。

掌握利益相关者管理

你需要意识到一点，你的项目会影响到其他人。你影响的人越多，你的行为就越有可能影响到那些有能力、有影响力、足以决定你项目成败的人。因此，在你推进创新项目的过程中，必须掌握利益相关者管理这一关键的学科。

你可以通过思考三个步骤来了解利益相关者管理：识别、简介以及沟通。

（1）识别利益相关者

弄清楚你的利益相关者是谁。想想那些能对你的项目产生（不管积极或消极）影响的内部人员与外部人员，以及那些要么觉得受你项目威胁、要么觉得能从中获益的人。你不仅要考虑那些显而易见的人（如你的老板），还要考虑那些不在企业正式名单上的有影响力的人，将重要的利益相关者按重要性进行排列，列成名单。

列入名单的标准是什么呢？你可以问自己两个问题：这个人现在对我的项目有影响吗？这个人在不久的将来或者项目的后期是否会对项目产生很大的影响？

虽然利益相关者很重要，但由于你经常缺乏与他们每一个人共事的机会，因此，你需要提前对他们进行重要性排列。然而，你也需要随时准备好改变名单中利益相关者的顺序，并在了解其他受项目影响的人时追加这些新的利益相关者。

（2）简要介绍利益相关者

对名单中的利益相关者进行简要介绍。汇集如下信息：

- 方向。该利益相关者来自内部还是外部？
- 一般信息。该利益相关者的名字、工作部门、联系方式和简要情况；
- 观点。你认为该利益相关者是项目的倡导者、支持者、中立者、批评者，还是阻碍者？为什么？
- 影响。该利益相关者对项目的影响力是强、中，还是弱？为什么？
- 时间。在项目生命周期中，该利益相关者影响的是当前阶段、下一阶段，还是后期阶段？
- 影响类型。该利益相关者对项目的影响是正式（或直接）的还是非正式（或间接）的？为什么？
- 主要兴趣。就你的项目而言，该利益相关者的主要经济或情感兴趣是什么？
- 影响圈。一般情况下谁影响该利益相关者？谁影响该利益相关者对你的看法？你与利益相关者及其影响者有何种程度上的联系？

（3）与利益相关者沟通

厘清你想要从利益相关者处得到什么，以及你能为他们提供什么，然后与他们展开沟通。

你可能觉得自己还没有准备好，但是你需要尽早且经常与利益相关者沟通。这能让他们知道你在做什么，你也可以利用他们的反应做出调整，以增加项目成功的可能性。

人们通常都会坦率地表达自己的观点，与利益相关者建立良好关系的最佳方式就是直接与他们交谈。如果你在与利益相关者联系时遇到问题，那么可能需要使用一些非正式的方法，如“随机会议”，即找到大概率能开展电梯演说的地方，使利益相关者对你的项目更感兴趣。

你应该在开展这些会议和互动之前做足功课。除了精心制作简介之外，你还要善于切入不同话题，以吸引不同利益相关者的注意，同时还要能够基于这些信息开展简明扼要的电梯演说。

在第 16 章中，我们将进一步探讨如何通过价值主张和电梯演说更好地推销你的创意和愿景。这是你作为创新领导者和内部创业者需要掌握的关键技能。

本章要点

（1）变革让许多人害怕，而创新又可能带来变革，因此常会使企业出现大量的反抗分子。

（2）企业反抗分子最有可能在创新的孵化阶段和加速阶段出现。

（3）你可以通过以下方式应对企业反抗分子：

- 让人们成为支持者而非反对者；
- 低调行事；
- 建立合适的框架和过程；
- 为创新委员会提供高度自主权。

（4）利益相关者管理是应对企业反抗分子的一大关键组成部分。你应该：

- 列出所有利益相关者并作简要介绍；
- 与利益相关者沟通。

第9章

激进式创新

变成障碍

这是一个颇具争议的观点：激进式创新对大多数企业来说都太难了，在创新方面，企业应该谨慎行事。

我在博客上提出这个观点时，引起了一连串的回应，其中多数人对企业应该放弃激进式创新这一观点感到惶恐。我的目的是引发一场讨论，引导创新领导者认真思考激进式创新，迫使他们思考应该发起何种规模的激进式创新项目。

为了理解为什么一些企业选择不注重激进式创新，我们首先要定义什么是激进式创新。一个大家普遍接受的定义是：激进式创新是指有指定团队和预算的项目，这些项目被认为有潜力创造出全新功能、显著（5 ~ 10 倍）改进已知功能，或显著（30% ~ 50%）降低成本。该定义由激进式创新集团提出，该集团还开发了前文提到的 DIA 模型。

当企业处于建立创新思维、文化和能力的早期阶段时，专注于激进式创新可能会成为一个巨大的障碍，甚至会导致完全失败。至于为什么大多数企业应该放弃激进式创新，以下是我在博客中给出的五个理由。

（1）激进式创新项目取得成果通常需要 5 ~ 7 年。

由于时间太长，项目彻底完不成的情况也不少见。当项目周期够长（至少几年）足以让你敢投资时，你开启了一个项目；后来，项目期限快到了，你陷入犹豫之中，突发危机，你便关闭了这个项目。尽管投资巨大，也没有给你带来任何结果，你还得面对沮丧的员工，他们可能投入了多年的精力，最终却毫无成果。

无论对错，许多高管都认为，在商业低迷时期，创新是可以牺牲的。因此，在过去几次经济衰退中，大多数企业的研发项目都被削减了，许多企业都未必还有能力去开展激进式创新。等这些能力恢复了，下一次经济衰退可能又要来临了。因此，出现在衰退时期的创新大多来自初创企业而非大企业这一现象，也就不足为奇了。

（2）很少有主管、领导者、经理和员工在激进式创新方面有成功的经验。

由于激进式创新仍是一门新项目，企业根本没有成功获取激进式创新项目所需的技能、思维和知识。这些项目在时间不足的情况下很难做出成果，在缺乏专业技术、没耐心发展激进式创新的主管和领导者眼里成了削减成本的首选目标。

（3）比起激进式创新，渐进式创新的创新项目更有可能成功，使得渐进式创新项目更容易被规避风险型主管和经理所接受。

我甚至怀疑渐进式创新项目会比激进式创新项目带来更好的投资回报，尽管我承认自己还没有找到数据来证明这一点。

（4）企业可以直接购买正在开展激进式创新项目的初创企业，并利用自己的成熟品牌和销售渠道，将其纳入核心业务。

这可能是个危险的方法，因为企业倾向于让这些项目适应自身，而非适应客户的需要。此外，只有不到 50% 的并购达到了预期的效果。当你在所收购的激进式创新项目基础上开发全新的平台，并任其自由发展，成功的概率就会增加。

（5）对大企业来说，激进式创新不仅难，还与其最佳利益和文化相悖。

作为当前的市场领导者，大企业没有做出改变的动力。他们希望保持现状，这种思维方式使他们看不到其他企业（通常是更小、更敏捷的企业）会带来颠覆的事实。他们宁愿谨慎行事，也不愿艰苦工作、激烈竞争、自我改造。

选择这条道路

当然，正如许多回复我博客话题的人指出的那样，一些企业在激进式创新项目中取得了成功。苹果（Apple Inc.）就是一个经常被提及的例子。iPad 和 iPhone 都颠覆了行业游戏规则。当激进式创新取得成功时，企业便能获得产业主导地位和巨额回报。早前采访格兰富新业务开发项目的马德斯·普雷本森（Mads Prebensen）时，我们还了解到，拥有一个激进式创新的平台，让新项目能够在核心业务之外实现发展并拥有适合其需求的结构，将对你大有裨益。

从长远目标来看，只要有合适的创新文化和支持系统，组合创新方式对大多数企业来说可能是最为有效的。组合方式包括一些渐进式项目、一些颠覆式项目（给消费者带来明显新事物的有意义的变化）和一些激进式创新项目，其中较多资源投入在组合式的渐进式项目和颠覆式项目中。有了这种组合方式，企业将始终追求激进式创意（该创意可能会完全颠覆其所在行业，大幅增加企业的市场份额），同时又承认激进式创新既困难又有风险，不应为其放弃一切。

在开启激进式创新项目之前，你应该研究以下关键问题。

（1）你有高管的全力支持吗？

你需要高层的支持才能实现创新。要想实现激进式创新，则需要更多的支持。主管需要重视创新且愿意将政治资本以正确的方式投入其中。此外，他们还需要有正确的思维方式和对创新的深刻理解。

（2）贵公司的企业战略是否有创新空间？

越来越多数十亿美元体量的大企业需要实现每年十几亿美元的收入增长才能满足股东。这些企业往往采取收购的方式来满足这种增长的需求，这可能会导致减少对内部创新工作（包括激进式创新项目）的关注，尽管人们承认这些激进式创新项目从长远来看可以开发出实现高速增长的全新商业平台。你需要考虑企业整体战略与创新是否相匹配。

（3）你有能够落实激进式创新项目的人才吗？

你需要一群特殊人才来实现激进式创新。他们要有乐观、充满激情与动力、具备好奇心与对变革的信心的特点以及具备社交天赋，还需要有能力应对并战胜内外部众多反对该项目的反抗分子。大多数企业并没有适当的程序来识别并培养这类人才。

（4）你是否拥有实现激进式创新所需的组织流程和架构？

我们在第 8 章中讨论过的适当流程与架构将减少并削弱拒绝一切改变的企业反抗分子。

（5）时间合适吗？

大多数激进式创新项目需要很长的时间——通常需要 3 ～ 7 年的时间才能从一个创意发展到带来可观的收入。项目通常是在有好几年充足时间并且你也敢于投资的时候开启的，但是随着时机的结束，主管们便会开始犹豫。他们将被迫认真地研究创新项目组合。更激进的项目有很大风险会被关闭，因为成功背后的风险也很高。

当然，这些都是你在做开放式创新时应该问的问题，这并不奇怪。对于一些企业来说，开放式创新本身就是激进的，所以你必须确保自己做好了充分的准备。

本章要点

（1）处于建立创新能力早期阶段的企业，如果追求激进式创新，可能会“贪多嚼不烂”，因为：

- 取得成果可能需要很长时间；
- 在多数企业中，任何级别的领导者都极少有人在激进式创新方面拥有成功经验；
- 那些介于渐进式创新和激进式创新之间的项目对于规避风险型的主管和经理来说更容易接受；

- 通过收购初创企业并将其整合到自己的企业中，更容易实现颠覆式创新；
- 市场领先企业宁可谨慎行事，也不会激烈竞争、自我改造。

（2）为了实现激进式创新，企业必须：

- 在企业战略中为激进式创新提供空间，并为企业战略自身的落实提供充足时间；
- 拥有能够落实颠覆式创新项目和流程的合适人才。

第三部分　开放式创新的个人领导力

要想成为优秀的创新领导者，尤其是在复杂的开放式创新环境中，仅仅掌握创新的过程和技术是不够的。人们期望你实现企业重大目标，而环境又往往充满了巨大挑战，如资源不足或喜欢现状不愿变革的人带来的内部阻力。

要在这种情况下取得成功，需要具备多种特质，包括乐观、激情、动力、好奇心、对变革的信心、应对不确定性的能力，以及良好的沟通和社交技巧。要成为开放式创新的优秀领导者，还需要掌握某些个人技能，我们将在本书的最后章节中细谈。其中包括以下几个方面。

（1）定义成功。要想知道自己作为创新领导者是否做到了自己所能做到的，你必须定义自己眼中的成功。

（2）识别价值。只有知道什么对你来说真正重要，即你的价值观如何，才能取得长期的成功。

（3）带来改变。一旦定义了成功，你可能就会意识到，为了实现梦想，你需要做出哪些改变。

（4）管理时间。与我交谈过的创新领导者们经常提到，他们正在努力管理时间，以便实现他们所有的工作目标，同时拥有充实的个人生活。

（5）发展个人品牌、管理人际关系。你的社交网络和人际关系对你的工作和成就有巨大影响。首先是你的价值观，因为价值观定义了你的个人品牌，而这又影响了哪些人想要和你建立联系。

（6）传达信息。对于任何开放式创新领导者来说，与广大利益相关者有效沟通的能力至关重要。你必须知道如何确立价值主张以及如何开展电梯演说，把信息（不管是你个人品牌的信息，还是你所支持的项目的信息）传递给你想要影响的利益相关者。

在接下来的章节中，我将讨论这些问题如何影响创新领导者或创业者，并就如何掌握每个问题提供指导。让我们从定义成功开始吧。

第10章

定义成功

什么是成功？这个问题没有简单的答案，每个人对于成功的定义都有自己的想法。这也是为什么有那么多的人出版书籍谈论这个主题。长期以来，我一直在与创新领导者讨论成功的定义，但几年前的一次电子邮件交流使我更好地理解了成功对于创新领导者的真正意义。

丹佛斯解决方案是丹佛斯集团的拆分企业，我与丹佛斯解决方案的 CEO 兼总裁约翰尼·拉斯克·詹森（Johnnie Rask Jensen）进行了电子邮件交流。如果你见过约翰尼，就会知道他是个优秀的内部创业者。作为 INTRAP 社交网络的成员，他曾给我发过一封电子邮件，跟进我们先前的一次会议。我在那次会议上给与会者布置了一个小小的任务：思考时间。当时大多数与会者都迟到了，当他们打来电话说明预计到达的时间时，我让他们在赶来的路上思考时间。我还记得开始开会时他们脸上的笑容，有一个人说，这是很长一段时间以来他第一次有机会、有理由思考时间。随后我们进行了良好的讨论。

嗨，斯蒂芬：

新年快乐，感谢我们在 2007 年的合作。我刚刚续签了 2008 年的会员，假期期间也有时间开展反思。我有一些反馈……

我们上次见面是在铂傲（Bang&Olufsen，简称B&O）开会，当时你谈到了一些重要的事情。我最大的资源挑战不是金钱、组织之类的，简单地说，是时间。我在丹佛斯解决方案工作期间遇到了以下问题，这些问题都是我在职业生涯早期并没有太过担心的。

- 管理级别的继续教育。虽然这一点很重要，但在过去的几年里我却忽视了这一点。
- 日常工作中的基本领导技能没有得到优先考虑，因为我们根本没有时间。这可以是员工谈话、每周会议、员工日常社交活动、日常出访（仍有改进空间）等等。这些活动短期内看起来似乎很耗时间，但从长远来看则恰恰相反。我不知道别人有没有同样的感觉。
- 由于花费在工作上的时间以及主管职位带来的孤立，亲友关系受到影响。我觉得，相比在更稳定的企业中担任主管或经理，在风投公司中担任主管需要付出更多的努力，其他人也一定感受到了这一点。
- 建立和培养商业关系的时间不够（但INTRAP在这里发挥了作用……），更具体地说，应该是在母公司内外培养非正式关系的时间不够。这放在过去是工作中很自然的一部分，但如今已经成了挑战。
- 需要对任务进行重要性排序并反思，避免失去大局观念、只专注于日常问题的解决。
- 是时候反驳疑虑了。毫无疑问，风险投资者要面对怀疑者，但我们如何确保这种怀疑不会影响到公司？

……听听其他内部创业者如何看待这些有关时间的问题，看看是否只有我有这样的感觉，这可能会很有趣。

再见！

约翰尼·詹森

丹佛斯解决方案总裁

通过我的研究和活动，我知道肯定不止约翰尼一个人因为没时间做上述事情而感到压力。但是，作为一名成功的创新领导者就意味着要能够设定目标，取得成果，推动自己不断前进，同时有时间去反思和调整更长远的前进路线。

确定价值观与定义成功是密不可分的。因为定义价值观至关重要，所以我专门用了一个章节来谈这个问题。但我想在这里强调，如果你的生活方式不符合你的价值观，你就不可能获得成功。不过，我冒昧地猜测一下，你们中大多数人甚至连自己的价值观都不了解。在研讨会上或小组里谈到这一话题时，我总是惊讶地发现，很多人根本都没有好好思考过个人价值观。在第 11 章将进一步探讨这个关键话题。

成功之路

我们常常让别人来定义自己的成功。他们的期望制造出了幻想，让你觉得自己只有符合这些幻想才算成功。我们都认识一些在选择大学专业或职业方向时听从父母的期望的人，这些人往往是你身边最不快乐的人。为了避免对成功的期望出现这种错位，你必须自己定义成功。

理想情况下，定义成功应该是你在职业生涯早期做的事情，但亡羊补牢为时未晚。你遇到的最快乐的人正是那些早上醒来决定要改变自己中年生活的人！到了这个阶段，他们真正了解自己，已经有能力做让自己快乐的事情，而不是让别人的期望限制自己。

在创新工作中，我们经常谈论成功的关键因素。你是否考虑过发展自己的个人成功因素？这些因素应该是什么？作为创新型领导者、伙伴、家人和朋友，要想获得成功，你可以探索以下这些成功之路。

（1）了解你的价值观

当你让别人来定义你的成功时，往往会与你原有的价值观产生内部冲突。当你违反价值观而取悦他人时，即使你没有花时间描述自己的价值观，也会感到压力。我向你保证，了解并遵循自己的价值观将有助于避免出现上述不幸局面。

（2）追随你的激情

当你了解了自己的价值观时，就会发现自己的激情在哪里。而只有在生活的大部分时间里都富有激情，你才真正算得上成功。激情是做自然而然降临到你身上的事情，并一直渴望在这个领域学习发展的一种状态。如何释放激情？怎样才能得到让生活更美好的乐趣？为什么不为此做计划呢？

（3）决定你的个人愿景

我们都知道，设定愿景、使长期目标具体化对于企业来说至关重要。同样，你也可以定义自己的个人愿景，将你的价值观和激情结合起来，做一个简短而有意义的陈述，说明你在业务、个人生活和作为社区成员方面想要实现的目标。

（4）设定目标

一旦确定了愿景，你就可以确定有哪些短期、中期和长期的目标能让你实现愿景。与生活中重要的人分享你的愿景和目标，建立对成功实现计划的责任感。定期回顾目标，在取得进步或遭受挫折时做出调整。你会发现，让你快乐的是追求目标的过程，而非实现目标的结果。因此，在你实现了当前的目标后，准备好设定新的目标。

（5）了解并尊重你的利益相关者

谁能帮助你实现目标和个人愿景？重点在于要确定并了解你的主要影响者以及驱动他们的因素。这些人是你的利益相关者，你必须确保他们了解你能带来什么、他们如何能够帮助你获得成功，以及你能够如何帮助他们获得成功。

（6）关注你的 T 形

还记得我在第 5 章中谈到的 T 形吗？深入了解至少一个技能领域，在其他领域做到广泛涉猎并拥有共鸣。把这当作个人层面的开放式创新，你需要接受自己并非无所不知的事实，要有勇气寻求别人的帮助和建议。向与你经验不同、观点不同的人学习，从而获得更广阔的视角。如果你依靠团队成员（无论他们是企业内部成员，还是外部开放式创新伙伴）才能实现目标，一定要与他们分享荣誉。感谢你个人生活中的利益相关方，是他们让你有时间实现商业目标；感谢他们在你的成功中所起到的作用。

（7）紧跟时势

当你朝着自己的目标努力时，外面的世界并不会停滞不前。要确保自己了解外部的变化，这些变化可能会影响你实现愿景的能力。

（8）自我交流

你希望别人怎么看待你？你可能不喜欢这个事实，但你对自己的看法并不重要。真正重要的是别人如何看待你。打造并培养你的个人品牌，重视你的个人信息。

（9）管理时间

你可能认为每周工作 60、70 或 80 个小时才能取得成功。你甚至可能认为工作狂是一种荣誉。我见过许多创新领导者和内部创业者，他们都持这种观点。但近年来，一些人开始重新思考如何管理和利用时间。有些人心脏病发作了，有些人离婚了，有些人发现自己走完了一生却没有陪伴孩子长大。他们到了另一个阶段，明白自己需要管理时间，而不是让时间管理自己。

成功练习

这是一个简短的练习，我曾在研讨会上用这个练习帮助人们定义成功。你可以自己做这个练习，但如果你能和别人讨论答案，就更好了。你甚至可以同一群创新领导者和内部创业者一起练习，他们理解你面临的问题。

（1）想三个商业生活和私人生活中的成功时刻。描述每一个成功案例，并用关键词定义成功。

（2）用关键词说明成功的原因。

（3）使用关键词，写一个句子，说明你需要关注什么才能成功。

在你开始定义成功的过程中，为了给你提供更多的精神素材，这里有一些与主题相关的引语，可以给你带来灵感。

成功是一段旅程，而非终点。

——本·斯威特兰（Ben Sweetland）
作家、报纸专栏作家

取得成功最快的办法是，表面看起来像是在按别人的规则行事，实则在悄悄遵循自己的规则。

——迈克尔·科尔达（Michael Korda）
图书编辑、作家

只有敢于承受巨大失败的人才能取得巨大成功。

——罗伯特·F. 肯尼迪（Robert F. Kennedy）
美国参议员

应用良好判断力——个人愿景和经济利益一致

桑乔伊·雷（Sanjoy Ray）博士是默克集团（Merck）MRL（默克研究实验室）信息技术、技术与应用服务团队技术创新小组的创始人兼主管。他谈到了自己的个人愿景，并讲述了如何在工作场所使个人愿景更加有趣。

你在默克的使命是什么？

雷：我们的使命是推动循证投资决策。我们寻找有创意的新信息技术，与其背后的创新者建立积极的关系，并组织快速协作实验，在真实的 MRL 业务场景中测试该技术。

这种方法的优点是，我们明确了一点：不需要交付能力。这确保我们可以自由探索、研究该能力，不用被迫付出一切代价以做出某些成果——对于许多需要交付 IT 产品的人来说，这是完全真实的情况。事实上，我们使用的实验系统在每次实验（通常持续三个月）结束后都会停用。我们所交付的是一个实验结果，推动做出明确的“做 / 不做”投资决策。很难想象还有比这更好的工作，不是吗？

我知道你是由个人愿景驱动的，能和我们分享一下吗？

雷：可以的。我们和我们曾关心过的每个人都会生病。我相信，我们遭受的大部分痛苦在未来是可以避免的。我相信，制药行业将利用革命性的新兴信息能力，加快科学发现的步伐，使病人受益。此外，IT 创新呈爆发态势，通过与最佳创新者协调合作、将药物学与创新结合，便可实现这些新一代能力。我相信，实现这些能力将有助于医药行业缩短疗法研发周期、降低成本、提高治疗安全性、减轻医疗需求未得到满足的痛苦。

你的个人愿景是如何形成的？过程是怎样的？

雷：当我有机会创建这个团队时，我有充分的自由来决定方向。当时有两个主要问题。

我们怎样把事情做对？这是第一个问题，答案将引导我们建立一个基于科学方法的正式运作模型。

我们怎样做对的事情？这是第二个问题，答案在该小组成立之初完全不清楚。

在回答第二个问题时，我尝试理解行业面临的挑战及其原因，了解需要哪些新能力才能推动进步。只有当我明白这一点时，才能找到理由和依据，确定要采用哪些技术、不采用哪些技术。

你如何在工作中做到这一点？

雷：团队取得了相当大的成功，其中很大一部分原因是我们既把事情做对了，又做了对的事情。

以下是一些关键成功因素。

首先，有机会领导这个团队是我的荣幸，我的自豪之情难以言表。领导者有远见、有抱负是一回事，基于远见和抱负实现价值是另外一回事，而我们团队每天都在做且做得很好的事情，正是基于远见和抱负实现价值。因此，我们团队的区分性关键成功因素便是我们有能力通过运行良好的实验取得确定性结果，以交付可落实的创意。团队成员天赋非凡，使得这个极其复杂的过程看起来相当简单。

我要强调一个重点：确定战略，拥有远见；我认为这些不难。真正困难的部分是完美地将其落实，将战略和远见转化为有形的价值。这就让我成了团队中最不重要的一部分了，不是吗？但确实应该如此。我的工作是找到合适的人才，为他们创造环境，让他们发挥所能、勇于冒险，给他们寻找机会，为他们提供所需，然后走到一边，见证奇迹的发生！

不得不说，默克的员工素质非常高。我有帝国理工学院（Imperial College London）、哈佛大学（Harvard）和怀特黑德研究所/麻省理工学院（Whitehead Institute/MIT）的学术背景，但说实话，默克有很多员工素质完全比得上或者超过了这些机构的人员。我们聘用的都是最优秀的人才。在我有机会组建这个团队之前，我曾想过，如果这些人真的“获得自由”去实现目标，他们会做些什么？因此，在某种意义上，组建这支团队是检验这个假设和预测的一个实验。从团队的成功来看，结果很明显。如果领导者不是团队中最聪明的人，对团队反而是一件好事！对默克这样的企业来说，这不难实现。

我想说，另一个关键成功因素是我经常发现在其他地方被忽视的因素。简而言之，我们团队的宗旨始终是帮助别人成功，并将实验与不同参与者真正感兴趣的东西匹配起来。我们发现，如果以这种方式运作，仅靠参与者的热情和诚意就能取得非凡的成绩。但说起来容易做起来难，这也许是这种情况罕见的原因。

由个人愿景驱动的利弊是什么？

雷：我认为一个非常明确的好处是每天看到迈向愿景的进步，并知道当天的工作正在帮助他人减轻痛苦。即使只是一小步，也会带来巨大的满足。我们每个人都会生病！你自己，更重要的是，你在乎的每一个人，肯定都会在某个时刻生病。想想吧！这给我们带来了非常强大的动力，让我们在面对任何复杂工作和不可避免的挑战时保持积极的心态。

因此，能够把愿景目标与真正重要的东西联系起来，是一股强大的力量，能够把所有挑战置于适当的背景中。想想你工作中最糟糕的挑战，不管情况多么糟糕，它能否比得上一个四岁孩子在儿科肿瘤病房接受化疗而家人只能眼睁睁地看着她受苦的情况？

我在默克的环境中看不到任何弊端。这个环境非常适合我们的工作。

你的老板是否知道你更受个人愿景而非经济利益驱动？你们有没有就此发生过冲突？

雷：他知道，他也很支持我，所以在愿景和动力上没有冲突。他和我一样都有一个年轻的家庭！对于任何像创新这样的非常态事物，高层领导的支持都非常重要。我的老板、我老板的老板和其他高层领导一直都提供了重要的支持。例如，在团队正在组建、尚无产出的时候提供空中掩护，为此我深受感动。资源竞争异常激烈，人们总能找到一个值得投资的领域，因此，有很大诱惑让人选择走捷径并砍掉创新新团队这样的高风险未知事物，而这就让公司的支持显得更加了不起了。这么做需要领导层有勇气和信念。

然而，我应该补充一点，这在默克也许并不那么令人惊讶，默克前总裁乔治·W. 默克（George W. Merck）在1951年曾说过："医学是为人服务的，不是为了盈利。如果我们记住这一点，利润就会随之而来。"

对于那些想在竞争激烈的环境中工作，同时保持自己理想的人，你有什么建议？

雷：我想说，他们需要把自己置于个人愿景与公司愿景至少大部分一致的工作环境中，这无疑是最简单的道路，也是最有可能取得成果的道路。如果你在自己费尽心思的一件事情（希望这是对工作的一个好定义！）上花费这么多时间、投入这么多精力，为什么要待在愿景不一致的地方？这是多么浪费。

至于高度竞争的环境，我认为，如果内部竞争发展到极端，实际上会适得其反，因为这样虽带来了局部成功，但导致了企业更大范围的失败。坦率地说，帮助别人成功的工作在这样的环境中本身就是一种竞争优势，因为很少有人的工作会取得显著成果。俗话说："盲人国中，独眼为王！"

本章要点

（1）为了充分履行作为创新领导者的职责，必须定义成功，知道如何做出改变，确定价值观，管理关系和时间以及正确传达信息。

（2）你取得成功的关键途径包括：

- 追随激情；
- 设定个人愿景，然后确定能帮助你实现这一愿景的目标；
- 找到能帮助你实现愿景的人，并与他们建立互利关系；
- 重视你的T形，并跟上影响你个人愿景和目标的外部变化；
- 建立并传播你的个人品牌和信息；
- 管理时间。

第11章

了解你的

价值观

令我困惑的是，很少有人能对指导他们日常行为的价值观加以描述。想想吧，这可是帮助你作为创新领导者或内部创业者以及在个人生活中取得成功的基础。毫无疑问，你们中的一些人肯定花费过时间帮助企业定义其核心价值观，这将推动企业走向成功。那么难道不应该也定义推动自己走向成功的核心价值观吗？我希望你能多想想这个问题，开始更好地理解自己的价值观。

我们都有价值观，不管我们有没有意识到它们。价值观是我们认为有价值的特征、品质或信念。苏珊·A. 希斯菲尔德（Susan A. Heathfield）是About.com的人力资源专家兼顾问，她写道，价值观“代表着你最重视的事情和深层驱动力”[1]。

此外，个人价值观与选择间接相关。价值观让你比较与每个选择相关的价值，指导你做出决策。我认为这是有益的，毕竟在我们这个世界上，选择常常是不幸而非幸运。对于在创新领域工作的人来说，这一点也许尤为正确。创新可以比作企业的糖果店，面对这么多既令人兴奋又诱人的选择，如果你没有准备好基于价值观做出决定，怎么知道该选择什么呢？

【1】http://humanresources. about.com/od/success/qt/values_s7.htm.

希斯菲尔德认为，你的价值观是由你生活中发生的一切构成的，包括你的父母和家人、宗教信仰、朋友和同龄人、教育、阅读等的影响。你可能会争辩说，人生早期建立的个人价值观可能不容易改变。但是，一些价值观确实会因为外部环境而变化，并随时间不断改变。希斯菲尔德建议："你应该认识到这些环境的影响，确定并建立一套清晰、简明和有意义的价值观、信仰和优先事项。"[1]

不管你是否针对价值观进行了定义，价值观都会影响你生活的方方面面。我们都曾经因为被要求做的事情而感到不安，这意味着该要求与我们的价值观不符。在这样的时刻，如果你已经定义了自己的价值观，那么识别问题和摆脱困境比你没花时间确定价值观时要容易得多。通过认清自己的价值观，你就更有能力去做对自己最有利的事情。

我的价值观

让我和你们分享我的个人价值观：激情、可靠、正直、乐于助人。我需要对我所做的事情充满激情，因为我相信这是多年来让我做得更好并且继续享受这件事的唯一途径。激情使事情变得简单，因为当你做自己真正喜欢的事情时，你就会更加投入、更有效率。但愿你所做的事情还能给你带来财富。无论我做什么，我总会努力寻找激情。

可靠对我来说很重要，因为我想和我信任的人建立关系，我也想让他们信任我。当然，有些人常常忘了这是双向的。从长远来看，不可靠的人无论是在业务上还是在个人生活中都不会取得成功。

正直很难描述，但其实很简单。字典中正直的首要定义是"拥有并不懈坚

【1】Ibid.

持崇高道德原则或职业高标准的品质”。但是，两个次要定义也值得参考：“正直是完整的或未被分割的状态”和“完好的或未受损的状态”。总的来说，这三个定义表明，如果我们正直行事，我们便会是完整的、健全的。

如何将其付诸行动呢？这便是我相信直觉的地方。如果我努力感受某些东西就会知道正确的答案，或知道自己该做什么。这件事情我内心感觉合适吗？我能感觉到自己和其他人的激情吗？其中是否有牢固的信任？如果没有，我就不做。直觉与正直是相关联的，是可以训练出来的。因此，试着多相信自己的直觉。当你遵循直觉，正直就会随之而来——这不是偶然，也不是一定会发生（毕竟人无完人），但频率极高。我相信，在一个越来越小、选择越来越多的世界里，正直已经成为生存的必要条件。

乐于助人对我来说是一把双刃剑。在我的商业生活中，我很大程度做到了这一点。我努力帮助别人，不图回报。我知道这从长远来看很有用，不能与我的社交思维割开来。在我的个人生活中，这一点就比较复杂了。我知道自己可以给亲密圈子里的人付出更多，但有时我就是没有做到。也许我和家人、朋友在一起时更自在，所以没有努力做到这一点。也许我在工作中帮助他人已经耗尽精力。我知道这是个错误，也在努力纠正。

我相信，只有你了解自己的价值观，知道自己真正重视的是什么，才能取得长久的成功。此外，你还需要以符合价值观的方式生活。通过分享我自己的价值观，我希望能启发你开始思考自己的价值观。

优势分类

你可以以多种不同的方式来定义价值观和优势。也许你像我刚才那样已经做了自己的定义，或者你更喜欢使用公认的定义。对于后者，你应该进一步了解 VIA 性格研究所（VIA Institute of Character）所做的工作。这个非营利组织已经对优势进行了分类，如下所示。其还开发了一些练习，可用来确定自己的优势。

VIA 性格优势分类

（1）智慧和知识——获取和使用知识的认知优势。

- 创造性（原创性、独创性）：寻找新颖有效的方式来思考和做事；包括但不限于艺术成就。
- 好奇（兴趣、追求新奇、对体验持开放态度）：对当下的事情感兴趣；寻找有趣的主题和话题；探索和发现。
- 判断力与开明（批判性思维）：全面思考、审视问题；不急于下结论；能够根据事实调整自身想法；公平权衡所有证据。
- 热爱学习：通过自学或正式教育的形式掌握新的技能、主题和知识体系；这与“好奇”优势明显相关但又超越好奇，倾向于系统地增加自己的知识。
- 洞察力（智慧）：能够为他人提供明智的忠告；以于人于己合理的方式看待世界。

（2）勇气——面对内外部阻力时运用意志来实现目标的情感优势。

- 勇敢（英勇）：不因威胁、挑战、困难或痛苦而退缩；即使面对反对意见，也勇于为正义发声；即使不受欢迎，也要根据信仰行事；包括但不限于肢体行为上的勇敢。
- 坚持（恒心、勤奋）：有始有终；不畏阻碍，坚持行动方向；乐于完成任务。
- 诚实（真实、正直）：讲真话，但更广义地还包括真实地表现自己；没有伪装；为自己的感情和行为负责。

• 热情（活力、热忱、生机、精力）：热情地生活；不半途而废、不敷衍应对；把生活当作一场冒险；充满生机与活力。

（3）人性——照顾他人和与人为善的社交优势。

• 爱与被爱的能力：珍惜与他人的亲密关系，特别是互相分享、互相关心的人；与人亲近。

• 善良（慷慨、照顾他人、关心、同情、无私的爱、“人好”）：助人为乐、做善事；帮助他人；照顾他人。

• 社交智商（情绪智商、人际智商）：意识到他人和自己的意图与感受；知道如何适应不同的社会场合；知道什么会使人不悦。

（4）正义——构成健康社区生活的公民优势。

• 团队合作（公民精神、社会责任、忠诚）：作为一个团体或团队的成员，做好自己的工作；忠于团体；尽自己的一份力量。

• 公平：公平公正对待每一个人；不让个人感情影响到事关他人的决定；给每一个人公平的机会。

• 领导力：鼓励所在团队完成任务，同时在团队内部保持良好关系；组织团队活动，确保活动顺利。

（5）节制——防止过度的优势。

• 宽恕和怜悯：宽恕犯错的人；接纳别人的缺点；给予他人第二次机会；不心怀报复心理。

• 虚心和谦卑：让成绩说话；不认为自己比他人更特殊。

• 谨慎：慎重做选择；不冒不必要的风险；不说/不做可能后悔的话/事。

• 自我调节（自我控制）：调节自己的感受和行为；自律；控制自己的欲望和情绪。

（6）超越——与更广阔的宇宙建立联系并提供意义的优势。

- 欣赏美与卓越（敬畏、赞叹、升华）：发现并欣赏美丽、卓越和生活中各个领域（从自然到艺术、数学、科学、日常生活）的出色表现。
- 感恩：发现并感谢幸运的事情；花时间表达感谢。
- 希望（乐观、胸怀未来、未来为导向）：对未来抱有最美好的期待，并努力实现；相信美好的未来是可以实现的。
- 幽默（童心未泯）：爱笑、爱开玩笑；给别人带去笑容；看到光明的一面；开玩笑（不一定是口头玩笑）。
- 宗教和精神（信仰、追求）：对宇宙更高的目的和意义有一致的信念；知道自己在庞大计划中的合适位置；相信生命的意义能塑造行为、提供慰藉。

下一步怎么做

一旦你确定了自己的核心价值观，下一步就要考虑如何在目前公司现有职位上以及在你与众多外部利益相关者建立关系的开放式创新环境中遵循这些价值观。你的价值观与你同事或公司高层领导的价值观之间是否存在不平衡？你并不一定要在自己面前列出他们的个人价值观，根据他们的行为就可以做出判断。团队成员或主管的行为与企业所传达的核心价值观不符的情况并不少见。很多情况下，这些核心价值观只是纸上谈兵，并没有得到真正的重视。

很多人告诉我，他们觉得自己在工作中仿佛在玩角色扮演。如果你经常觉得一踏入工作场所，就不得不戴上面具，这就表明你无法在当前的商业环境中实现自己的价值观。如果是这样的话，退后一步，想象一个能让你实现价值观的工作场所会是什么样子。用文字描述你在这样的理想工作环境中能够如何。要知道，保持本心、忠于价值观能让你成为更好的人、给你带来更大的成功。

本章要点

（1）你能否取得成功与你是否拥有一套明晰的价值观有关，这些价值观能推动你在工作和个人生活中做出选择。

（2）花时间思考并定义你的价值观至关重要。

（3）让你的价值观和你所在公司的价值观保持一致非常重要。否则，你将被迫在工作中扮演别扭的角色，几乎没有机会实现你的职业目标。

（4）以符合价值观的方式过好每一天，这能为你的成功铺平道路。

第12章

实现变革

我辅导的创新领导者和内部创业者往往在界定成功时才开始意识到，他们要么需要改变现有职位，要么需要在其他地方找到新职位，以实现他们定义的职业目标。有时候，他们也需要做出改变，来改善工作与生活的平衡。这些职业发展问题往往事关所谓的职业中年危机，这种危机可能由以下情况引起。

（1）你已经在公司停滞不前，没有明确的下一步推动你走上想要的职业道路。

（2）在确定了个人价值观之后，你意识到这些价值观与雇主的价值观不匹配。

（3）你目前的职位没有灵活性，无法实现工作与生活更大的平衡。

（4）你的公司不够专注于创新，无法为你提供你所渴望的令人兴奋的创新领导力或内在机会。

（5）你希望在另一家公司担任董事会成员，或者在行业组织中发挥领导作用，以扩大自己的影响力。

解决这些问题需要重大变化。你能否做出必要改变通常要看两件事：认知和人脉。许多人认为他们对自我的认知与别人看待他们的方式相一致。然而值得注意的是，这通常是错误的。更重要的是，在做出你想要的改变时，你更看重他人对你的看法，而非自我认知。因此，在全身心投入你想要改变的事情之前，要好好练习如何更好地了解别人对你的看法。也许不是你需要改变，而是其他人对你的看法需要改变。

变化与认知和人脉这两大因素有很大关系，这一点可以从两位创新领导者的案例中得到证实。他们在寻找外部职业发展新机会时，向我求助，希望我帮助他们实现变革。

我们的第一位主角叫彼得（Peter），50 岁左右，在一家公司工作了 17 年，肩负重大领导职责。他现在的公司由于所有权问题而动荡不安，因此他开始寻找新的机会。我们启动了一套流程。首先，彼得确定了其主要专业兴趣领域（技能、职能和公司类型）、个人发展目标，以及他对更好的工作 / 生活平衡的向往。下一步是研究他的认知平衡（自我认知与他人认知），之后我们利用人脉找到了 5~10 家适合他的公司。

另一个人，我们叫他西蒙（Simon），快退休了。在过去的 25 年里，他一直在一家公司工作，看着公司从在车库里办公的小公司成长为大公司。他一直负责业务发展，现在他正在寻找机会，希望利用自己的经验，成为成长型公司的董事。他向我提出的主要问题是，他不知道如何激活人脉。在某种程度上，他希望有人来找他，但并没有。要实现目标，西蒙需要不断行动并坚持。不幸的是，我们没有取得明显的进展，在金融动荡时期，很难获得较好的董事职位。

彼得和西蒙都没有过多地考虑他们的认知平衡，也就是说，他们的自我认知与他人认知相当。因此，他们不知道别人的看法可能影响自己实现目标的能力。然而，鉴于他俩的年龄，二人在实现新目标的过程中都可能面临年龄歧视，尽管他们能力不差。在其他方面，他们的个人认知与帮助过他们的人对他们的看法也有不同。此外，西蒙和彼得都未曾以战略方式（以目标和行动为导向）建立并保持人脉。他们的人脉比想象中要小。

你也需要考虑自己的认知平衡。仔细审视自己，问问自己，是否有人或事件可以证实你的自我认知。在第14章有关个人品牌的内容中，你会得到一些灵感。现在让我们研究如何带来变化。

变革战略的五个步骤

每个人都需要制定个性化策略来实现变革。基于我与创新领导者和内部创业者的合作经验，我列出了以下五个可以帮助你制定变革战略的步骤。

1. 意识到并承认你的问题，同时选择改变

这一点很简单。只有你能改变你的生活，一切始于扩大眼界、了解你目前的处境与你的价值观以及对于成功的定义有何不同。

我经常听人说“我太老了，无法做出改变”或“改变太难了”。你只要看看那些大器晚成的名人，就知道第一句话是不正确的。第二个说法无疑是正确的，改变的确常常困难重重，但这绝不意味着不可能。同时，继续沿着目前的道路走下去也是非常困难的，尽管这条道路几乎没有机会让你实现你定义的成功，更别说改变你的人生了。

现实是，你总有选择的余地。你只需要意识到并承认那些困扰你的问题，同时做出相应地改变。美国城市研究理论家理查德·佛罗里达（Richard Florida）认为，选择你的住所是你能做的重要选择之一。在《创意阶层的崛起》（*The Rise of the Creative Class*）和《你的城市》（*Who's Your City?*）中，他指出，选择住所是最能预示我们个人幸福的因素。通过选择在创造性人才群聚集的地方生活，你可以提高自己实现变革的能力，成为创新力量的一部分。

我敢说，基于公司价值观与你个人价值观的匹配程度来选择公司对于成功和幸福同样重要。如果价值观不匹配，这便更加推动你去寻找更合适的新雇主。

你可以问自己以下几个问题，以测试目前的工作环境是否适合你，或者你是否需要改变。

（1）你对公司的愿景和使命有热情吗？

（2）你喜欢和你一起工作的人吗？你们有相同的价值观吗？

（3）你是否觉得有必要在工作中做一个和生活中不同的人？

（4）你经常为了完成任务而牺牲自己的价值观吗？

（5）高管层是目光长远并支持创新变革，还是主要关注每季度的财务业绩？

（6）你有推动创新所必需的资源吗？

你可以把标准提高一点，来测试你目前的公司是否合适。设想一下这样的场景：你现在正在做的项目需要你在价值观上不断妥协。如果你为了追求心中的正义而影响了自己的职业生涯发展，那会怎样？你是贵公司想要留住的重要员工吗？还是他们会放你走，即便你愿意为自己认为有价值的东西而战？重视这个测试，你可能会受益匪浅。

这个世界看似有无限选择，在实现变革的过程中，你必须有说“不”的能力。仔细评估这些选择并确定其为无用选择之后，你需要删除这些选项。然而，其他人可能不知道你的价值观或你对成功的定义，他们可能会迫使你向那些不符合你最佳利益的事情点头。在这样的时刻，清晰看待形势并消除外界影响的能力就至关重要，坚定而礼貌地拒绝你不想要的选项也是必不可少的。

2. 了解推动（Push）和拉动（Pull）在变革中的区别

实现变革可以是被推动的，也可以是被拉动的。你也许会主动选择一位导师、教练或朋友帮助你实现想要的改变；你也可能被迫对外部因素做出反应。

一旦意识到并承认存在的问题，你可能会觉得事情都在控制之中，你自己引起的问题可以自己负责，我也曾相信这一点。多年来，我一直致力于研究自己身上的一些问题。例如，对于跟不上我思想的人我偶尔会发脾气或不耐烦，我还有情绪变化的问题。我曾经认为：是的，我是有一些问题，但至少我知道这些问题，我也正在努力解决这些问题。我确实取得了进展，但进展相当缓慢。

事情并没有真正改变，直到意想不到的外部推动迫使我仔细审视自己，并意识到再不做出必要的改变我就会失去什么。这个推动来自我的个人生活，但与专业和职业的发展模式相似。

我曾帮助许多创新领导者和内部创业者解决技能和职业发展问题。过程通常是这样的：起初，他们会做很多积累，但很少行动，并持续数年，之后就会产生效果。一些人成功创造了拉动效应（Pull Effect），因为他们意识到自己需要帮助，所以开始主动寻求帮助。外部反馈使他们更容易掌握大局，并认识到还需要继续努力才能实现变革。之后，他们就会像下文提到的那样继续前进。

更常见的是，这是一个外部推动力。由于重大的组织改组进程，未来可能变得不确定，你可能会有一个新的老板或新的董事会，你甚至可能会失业。压力接踵而至，一些人就会眉头紧皱，但你作为创新领导者或内部创业者的经历提高了你的抗压能力。你能够承受压力，并且你明白这样的外部推动力可以转变为积极的东西。

外部介入最重要的一点是，它可以帮助你开始行动。正如作者安东尼·罗宾斯（Anthony Robbins）指出的，当人们留在现状的痛苦大于离开的痛苦时，人们就会开始改变。

3. 设定目标

你需要设定改变的目标，并决定如何衡量进步。写出改变的原因便是好起点。下一步，制定改变的目标和详细的行动步骤。最后，你需要方法来衡量进展，无论是短期还是长期。设置一个可以定期检验的标准，以确保你正朝着正确的方向进行。

这可以与第 10 章中所讨论的愿景和目标设定工作同时进行。请注意，确保你的目标是可以实现的。不要因为目标太多或重要事项太少而使事情复杂化。最好在一两个关键领域取得缓慢但稳定的进展，不要设定太多的目标，不然负担会太重，什么都实现不了。卡迈恩·凯欧迪（Carmine Coyote）在博客中写道，“领导者当缓”，“当一切都重要时，就没有重要的事了。你必须分清轻重缓急，不然失败的风险就会增加。把注意力集中在真正重要的事情上，如果可能的话，只做一件事——好好完成，然后再转到下一件事上。成功造就成功”。

4. 在你的变革行动中建立责任制，向关键利益相关者传达目标，并开始改变他人对你的看法

这与优秀团队的原理相似。他们工作效率很高，因为团队成员对彼此负责，同时也真心地关心对方。你很可能并不愿意把自己的问题告诉每个人，但只要能把问题告诉你信任的人，就大有裨益，你的团队成员也能更好地帮助你实现目标。

同样，你也可以告诉更多的人。正如我已经讨论过的，无论你喜欢与否，世界并不围绕着你对自己的认知运动。他人对你的看法会影响你的变革能力。告诉其他人你在努力做出改变，你就可以改变那些不利于你的观念，这反过来会让你更容易实现目标。

5. 创造仪式来推动变革

对于人们如何改变现有习惯和形成新习惯的研究表明，许多人不具备改变所需的自律精神。然而却有另外一些人在生活中做出了重大改变。

泰勒·本 - 沙哈尔（Tal Ben-Shahar）的《幸福的方法：哈佛大学最受欢迎的幸福课》（*Happier: Learn the Secrets to Daily Joy and Lasting Fulfilment*）很值得推荐。其中的一个原因就是作者在书中有关于改变的讨论。关于改变，本 - 沙哈尔提到了吉姆·洛尔（Jim Loehr）和托尼·施瓦茨（Tony Schwartz）写的一本书，书名叫《精力管理》（*The Power of Full Engagement*），书中提到了一种思考变革的方式："他们建议，我们不应该把重点放在培养自律以推动变革上，而是需要引入仪式。洛尔和施瓦茨认为，'建立仪式感需要细化到非常细致的行为，并在非常具体的时候实施，这都是由根深蒂固的价值观决定的。'"

专家通常建议每次不超过一两个仪式，并在引入新仪式之前确保它们成为习惯。循序渐进的变化比预期一夜之间会发生巨大变化更容易达成。人们只需要看看许下新年愿望要每天去健身房的人，与更循序渐进、从一周一天到一周两天再到一周三天去健身房的人相比哪个效果更好就知道了。然而，这两个目标都必须从去健身房开始，这就可以成为一种仪式。

本 - 沙哈尔认为："人们有时会反对引入仪式，因为他们认为，仪式可能会削弱自发性或创造性，特别是与配偶定期约会等人际仪式，或者绘画等艺术仪式。然而，如果我们不仪式化或规划活动，我们往往就无法实现目标。我们不是自发地，而是被动地（接受他人对我们的时间和精力的要求）。更重要的是，我们可以将自发性融入一种仪式。例如，自主决定我们可以在哪里举行仪式。"

本章要点

（1）你是否能够改变职业轨迹取决于两个因素：

- 你如何看待自己和别人如何看待你之间的平衡；
- 你的人脉。

（2）如果存在认知不平衡，你可以通过以下方式改变：

- 意识到并承认问题，并承诺做出改变；
- 了解推动和拉动在变革中的区别；
- 设定目标，分清轻重缓急；
- 在你的变革行动中建立责任制，向关键利益相关者传达目标，并开始改变他人对你的看法；
- 创造仪式来推动变革。

第13章

管理时间

作为一个创新领导者，你肯定遇到过时间管理方面的问题，这个工作非常耗费时间。各种工作都需要你，不管你从待办事项列表中划掉多少项，任务似乎还在不断增加。当我们尝试开放式创新时，时间管理变得越发重要，因为你必须处理更多的人际关系，特别是当你可能要与世界各地不同时区的人合作处理工作时，这将给你的工作带来更大的压力。

时间问题，或者说缺乏时间的问题，是我们在网络会议中经常遇到的事情，因为所有成员都会把大多数时间用来处理紧急事项。我们普遍认为自己对此无能为力，时间问题就是那么让人身不由己，对吧？

这么说是片面的。现实情况是，除非你能够控制时间管理，否则你几乎没有机会实现第 12 章讨论的变革。因此，这里我将讨论两个原则，以帮助大家理解为什么时间管理是一大挑战，然后为大家提一些建议，以便更好地管理时间。首先，让我们仔细看看时间都去哪儿了。

分析时间预算

许多人陷入财务困境是因为他们从未制定预算，没有确定支出的优先次序，也没有相应地分配资金。他们的工资不够花，也不确定钱到底花在了哪里。当你不对时间做出分析并设置优先级时，也会发生同样的事情。在一天或一周结束时，你会发现自己还没完成重要的工作任务，如只去过一次健身房，也很少与家人或朋友在一起。

时间都去哪儿了？你整整一周都非常忙碌，但你究竟完成了哪些能够帮助你走向成功的事呢？我不太喜欢捕捉大量数据，过度分析正在发生的事情，而这恰巧是大多数时间管理练习的内容。聪明人知道什么是错和为什么错。更常见的是，他们只需要知道我们在第 12 章中讨论过的快速浏览和推拉效应。所以这是一个练习，可以帮助你快速了解时间的去向，这样你就能确定什么样的变化让你对最珍贵的商品——你的一生，拥有更多的控制权。

你可以详细记录一下下周的所有事情，记录下你在工作、朋友和家人、自己、交通、慈善等事情上花了多少时间。然而，由于我们中只有极少数人有记录日志的习惯，所以我建议你着眼于全局，花30分钟思考你是如何花费时间的。首先，思考下面的问题，在开始回答之前先回想一下，只用关键字回答问题。

如何与他人沟通（会议、电话、电子邮件）？我是否真的需要和这些人互动呢？如果把会议时间缩短一半，会怎么样？如果我决定先通过电子邮件联络，然后电话联络，并且只在必要时召开会议，会怎么样？

反思（仅关键词）：____________________

我在什么样的活动上想少花点时间？为什么要在不喜欢做的事情上花时间？如果我不这样做，会怎么样？有人帮我做吗？

反思（仅关键词）：____________________

我在什么样的活动上想多花点时间？我没有多花时间在这些活动上的原因是什么？

反思（仅关键词）：____________________

我什么时候在什么地点浪费了时间？我能做些什么停止浪费时间？

反思(仅关键词):______________________________

我什么时候在什么地点工作最高效?我能做些什么来创造更多的高效场所?

反思(仅关键词):______________________________

你需要创建几个行动方案来实现改变。确定三件你想在未来几周改变的事情。我建议你首先采取简洁的策略,这样可以在早期就取得一些成果。你可以不断重复这个练习。

试着用下面的句子记录下你的行动。

"我想通过(输入行动)改变我的(输入行为/事件),因为这会给我(输入想要的结果)。"

这是一个简单的练习,不会花太多时间。目的是让你思考自己是否把时间花在了重要的事情上,以及是否应该开始改变时间管理的方式。

事情怎么会这样

为了理解为什么时间管理对我们大多数人来说如此艰难,我们需要理解两个原则。

(1)帕金森定律(Parkinson's Law)

有句格言说的是:"工作的增加只是为了填满这一工作的可用时间。"这是英国海军历史学家西里尔·诺斯古德·帕金森(Cyril Northcote Parkinson)1955年在《经济学人》杂志上发表论文时首次提出的。后来,一本名为《帕金森定律:追求进步》(*Parkinson's Law: The Pursuit of Progress*)的畅销书解释了为什么你和你所委派的人很少在最后期限前完成任务。

如果限期30天交出一份报告,我们会不断地研究,研究再研究,直到截止日期前几天才匆匆完成报告。如果只有两天时间完成同样的报告，我们也能够设法在这两天内完成所有的研究和写作。这也解释了为什么圣诞夜商店里会有那么多人赶在最后一刻购物。其中一些人是在等待最后的大减价，但大部分人可能就是因为帕金森定律才在最后下单。

帕金森定律解释了为什么每周有那么多乏味的会议，解释了为什么你的时间预算几乎毫无疑问地显示，你在非优先问题上花费了大量时间。

（2）80/20 规则

80/20 规则，也称为帕累托原则（Pareto Principle），可用于时间管理。使用这个规则，我们可以说 80% 的效果来自 20% 的原因。换句话说，你 80% 的成果来自你 20% 的努力，这意味着我们都会花费很多时间和精力去做那些不会实现工作或个人目标的事情。

了解帕金森定律和 80/20 规则的影响可以帮助你重新审视时间预算，找出更好的方法来管理时间。回答以下问题：

（1）你是否有时会拖延工作，做不必要的研究或者开不必要的会议来做决定、准备报告，或者推动实现一个优先事项呢？

（2）如果有必要，你能否在四天之内如实完成五天的工作量呢？换句话说，你的待办事项清单中有没有可以交给别人甚至完全放弃，而不会导致世界灭亡的项目？

（3）你的待办事项清单中是否有项目可以交给虚拟助理？不仅局限于工作，还可以想想你的个人生活。有虚拟助理可以完成的任务吗？只要使用谷歌搜索“虚拟助理”，一个充满可能性的世界将为你敞开大门。

（4）你工作中的哪部分只用 20% 的努力就会产生 80% 的结果？

（5）是否有很多非优先级任务可以捆绑在一起，在一次快速工作中完成？例如，你每天能否抽出时间做一件私事？可不可以把五件事合并起来，用差不多的时间一次性完成？

创造思考的时间

当你确定如何更好地管理时间时，释放时间的首要任务之一应该是思考。你做的是高水平的创新，这需要时间去思考和反省，把目标放远。在当今如此繁忙的世界里，我们中很少有人能够做到这一点。但通过一些改变，你或许可以每周腾出 1 个小时的时间进行高价值思考。一旦你做了这样的尝试，将会发现这是你这周价值最高的工作。

1 小时的单独思考（不允许兼顾其他任务或受其他打扰）可以极大地改变你在愿景和优先事项上保持专注的能力。为了最大限度地利用这宝贵的时间，你需要针对一个特定的问题。以下是一些补充准则。

（1）设定目标

在这一时间段你想要获得什么收获？

（2）首先充分确定问题

先梳理当前问题的各个方面，而不是立即寻求解决方案。

（3）尽快写下、输入或记录你的想法

如果你在思考之后就转去做别的事情，没有及时记录你的想法，那么你的思考和结论很容易就会被遗忘。此外，把某样东西写在纸上，会让你对它的承诺更加具体，更有可能促使你落实计划。

（4）最大限度地利用一切独处的时间

许多人指出，他们在步行、跑步甚至独自开车时都能得到最好的创意。只要不让手机或黑莓设备干扰，独自一人，远离打扰，什么时候都可以成为很好的思考时间。前提是要确保在思考过后尽快记录你的想法。

把时间管理付诸行动

我曾经给我的丹麦朋友发过一封电子邮件，这是受到蒂莫西·费里斯（Timothy Ferris）所著《每周工作 4 小时》（*The 4-Hour Work Week*）一书的启发。这是多么引人注目的一个标题啊！这个标题不仅有助于这本书成为国际畅销书，当然也引起了我的兴趣，因为我正在研究创新领导者和内部创业者如何管理他们的时间。

老实说，我没有读完整本书。这本书读起来太粗浅了，而且很费劲，但是费里斯也非常值得尊敬，因为他创造了全新的管理和思考时间的方式。我给同伴写了这样一封电子邮件。

亲爱的朋友：

今晚你可以在电视上看到一个有趣的片段。这事关你如何减少工作时间，多花些时间做生活中有趣的事情：陪伴家人、朋友，做运动 / 休闲活动。

这个片段是关于蒂莫西·费里斯的，他写了《每周工作 4 小时》这本书。这是一本典型的美国式书籍，有时候，它给人感觉有些太过，而且太过于“做就对了”，但它也有很多金光闪闪的创意等待发掘。

这本书一直是我创造简单生活的灵感来源之一。在过去的 6 个月里，它一直是我的主要任务之一。这本书给了我以下帮助。

（1）对联系方式进行排序

我与他人沟通的优先顺序是：①电子邮件；②电话；③会议。这着实让一些人感到惊讶：我不想与他们见面，因为我相信，而且事实也证明，任务可以通过电子邮件或电话完成。这不是简单粗暴，它只是节省了所有相关人员的时间，而且从目前看来情况良好。别担心，我不打算把我们的网络变成一个虚拟社区，能够与你面对面沟通实在是太好了。

（2）外包可以外包的环节

当你发现在印度和其他国家可以把工作外包出去，你一定会惊讶。为什么不深入研究一下那些稍微乏味甚至有时间限制的工作呢？也许它们都可以外包出去。或者如果有些工作只需要虚拟形式的帮助就能实现，想想为什么你不能外包这些工作呢？

我一直使用美国（出版行业）和印度（市场研究和网站开发）的外包人员。虽然找到合适的人需要花些工夫，但我强烈建议你考虑外包，以节约完成这类工作的时间。

（3）为优先事项留出时间

养育两个女孩（分别为3岁和6岁）需要付出时间和努力。运动：例如我目前参加的铁人三项赛也需要时间和努力。

我选择把家人和运动放在高度优先的位置，这需要我为它们留出时间。但工作却并没有因此而受到影响。事实上，恰恰相反，因为我发现自己比以前更加专注、效率更高。

希望你能从中找到一些灵感。

祝好！

斯蒂芬

我这封电子邮件收到了许多回信。很多人赞赏了我对日常生活所持的开放和诚实的态度，这似乎加强了我与许多人的联系。此外，许多人也反馈，他们已经花时间思考我的观点，并尝试听从我的建议。以下是一次访谈记录，展示了一位朋友为什么以及如何采纳我的观点并采取行动。

迎接管理时间的挑战

本次访谈中，亨里克·索尔卡尔（Henrik Solkaer）是丹尼斯克糖果公司（Danisco Sugar）的创新科技和可持续发展副总裁。丹尼斯克糖果公司和Nordzucker AG公司合并后，亨里克又被任命为Nordzucker AG公司的创新与技术和可持续发展高级副总裁。

在时间管理方面，你最关注的问题是哪些？

索尔卡尔：我有几个关注点。第一，确保自己优先处理最重要的问题，以便能够在面对重要情况时全身心投入。这时必须削减你的待办事项，我有时也必须这样做。

我也努力确保所做的工作高效进行。这不仅是为了节省时间，也是为了给自己和周围的同事“打鸡血”。作为丹尼斯克糖果公司的领导者，我致力于建立一种对时间、决策和动态都持谨慎态度的企业文化。我们的目标是采取行动。

在个人生活方面，我也是继续推进生活中的优先事项。这与工作类似，因为我尽量谨慎安排时间。追求计划、目标和梦想时，我尽量不浪费时间，尽量保持活力。这与我在工作中处理时间的思路是一致的。

从整体上看，我认为时间管理是一项很大的挑战。我们很容易浪费时间，从而失去注意力、方向和效率。然而，如果把注意力集中在时间上，那么有时放下控制权也很重要。

放下控制权？你能举个例子吗？

索尔卡尔：每当有空时，我都试着和同事谈谈。我们只是聊天，就是自然地聊天而已。有时候，我会立刻感到我需要放手。我意识到是时候把既定的议程放在一边，看看会发生什么就好。

我的电子邮件启发了你开启每周工作4小时的模式。你对此做了哪些思考？

索尔卡尔：它极大地启发了我去关注主要的事情，同时给了我去打破习惯最终节约时间的动力。我相信时间是非常稀缺的资源，所以我对听到关于这本书的作者蒂莫西·费里斯的信息感到好奇。

你采取了哪些行动？

索尔卡尔：我立刻改变了与人接触的优先次序，先发电子邮件，然后打电话，最后主持会议，这有助于我对安排约定更加谨慎。

另一件事是，每当参加一个会议，我都会建议尽量把分配的时间减半。这很有效，现在当我计划未来的会议时也会想到这一点。

那么几周之后，截至目前，采取这些行动后的结果如何？

索尔卡尔：除了减少会议时间，我的精力更加集中，试图找到通过委派模式组织工作的最佳、最有效的方法。我经常问自己，如何更容易地做到这一点。

我不得不承认，这通常是由于我变得越来越谨慎了。这实际对于别人来说不是问题，因为我发现，你委派得越多，别人就越善于参与。我认为我委派了很多，也做得很好，但我打算再继续增加委派。

我也从这些做法中得到了一些启发。你要优先考虑你最想实现的事情，然后试着把它放在第一位。每天，每周，甚至在更长的时间内都这么做，你真的需要推动这件事的进展。

人们注意到你的行为改变了吗？如果是，你能列出他们的反应吗？

索尔卡尔：是的，他们注意到了变化，我想他们从我这里得到了启发，并从我这里学到了很多。在很大程度上，我的同事们都受到了激励，使用资源更谨慎、更理想了。

我们实际上提名了一个人，他将就如何提高绩效和效率提出一系列想法。这是受到你电子邮件的启发，在之后的一次战略讨论会上我就提出了这个建议。大家都认为这值得研究，同时据此抛出了一系列的想法。我们还买了《每周工作 4 小时》这本书。

通过学习，我相信人们都会受到启发，从而提高效率并改掉坏习惯。我认为每个人都有自己的做事风格，这种风格已经植根于他们的工作方式。我们的挑战之一是改变这种做法。如何才能在不损害质量的情况下做得更好、更快？没有那么多人会挑战现状。

你有没有看到设置沟通方式优先级（电子邮件、电话、会议）的缺点？

索尔卡尔：没有，没有负面的影响。我知道，有时候你必须把时间效率放在一边，尽量不要太紧张。效率并不是唯一的成功标准，因为你不应该损害解决方案或决策的质量。同时，效率不是私人谈话或类似事情的主要元素。

你有没有计划采取进一步行动来管理时间？

索尔卡尔：我还想加快决策和行动的速度。这种改善行动的势头有一种加速效应。你做的决定越多，你的动力就越大。这样可以刺激周围环境，创造大量的能量，从而极大地影响我们的文化。

作为公司的领导者，你打算影响其他员工做出类似的改变吗？

索尔卡尔：作为一名领导者，我认为我的角色应该不断改进我们的文化和做事方式。我肯定认为自己是一个试图影响周围人的人。

我认为，一个有力提升效率的潜在方式是减少你工作的正统性和工作的时间。我想，如果你能减少自己需要工作的小时数，如丹麦标准的每周 37 小时工作制，只专注于你必须完成的任务，一切都将会变得不同。你节省出来的那些时间就可以自由支配。

这可以释放很多时间，并激发大量的创造力。当然，这也将会给组织带来重大挑战。当人们不经常面对面交流的时候，可能会失去一些东西，然而，这也可以激发很多创造性。

本章要点

（1）定期花点时间思考如何安排时间；确保你分配宝贵资源的方式能够在最大限度上帮助你走向成功。

（2）控制你的时间，不要让别人代替你完成这项工作。

（3）牢记帕金森定律，确保你花费的时间不会比实际需要的时间更长。当把工作委派给别人时，要意识到他们也会花费分配的全部时间来完成任务，所以要设定一个可实现但严格的时间节点。

（4）使用 80/20 规则来评估你从哪些事情中获得了最大的价值。记录那些对你成功帮助不大的事情，外包给其他人，甚至直接放弃。

（5）利用自我反思的力量；每周至少留出一小时深入思考一个特定的问题。

第14章

打造你的个人品牌

我想说的是，在今天的就业市场上，你的技能并不是你最核心的资源。在这样一个竞争激烈的世界里，你的技能仅仅是一个筹码而已。你的职业生涯不仅仅建立在你的知识和成就上，如今，它也和你的个人品牌和人脉息息相关。在开放式创新的世界中尤其如此。在这个世界中，拥有强大、广泛的网络和思想领袖的地位才是核心资源。我将在第 15 章讨论人际关系，在本章我们将关注你个人品牌的打造。

对此，你的第一反应可能会是：“我的个人品牌？别逗了，我就是我自己。”错，你是别人所认为的样子，这将决定你如何建立和培养关系，从而决定你的职业生涯，并决定你是否能实现你的成功愿景。不管你知不知道、喜不喜欢，你已经拥有了个人品牌。你的同事和你在整个行业中认识的同行都对你的经验和能力有相应的认知。

我知道，谈论个人品牌是有争议的，在许多国家被视为蛊惑人心，不过在美国，人们对个人品牌的态度没有那么尖锐。这甚至为我们用一种直接的方式讨论这个问题创造了更大的动力——直截了当并付诸实践，而不是采用浮华和花哨的策略。这也使得认识自己的价值变得更加重要了，因为没有什么比个人品牌或自我认同更符合你的价值观。我想我们都认可，在产品和服务方面，真实性是一项优质资产。你的个人品牌也一样。

一旦别人对你的感知、你的个人品牌被创造出来，就很难改变。这既有积极的作用，又有消极的作用，所以当你开始积极从事个人品牌工作时，要确保你与你的价值观和未来的计划保持一致。

意义如何

你为什么要重视个人品牌？我了解到，对个人品牌的关注以及建立能帮助你扩大品牌效应的人脉，是一种投资，而不是成本。它为你创造了自由和新的机会去做你所关心的事情。如果你有一个强大、积极的个人品牌，你更倾向于：

（1）接受有趣的任务，或者有更多的自由来选择你想做的事情。

（2）获得更多的承认和更好的报酬。

（3）被给予更多的机会代表公司出席对外场合，这反过来可能在你当前工作之外打开新的职业机会。

提升你个人品牌的目的是让别人传达关于你和你个人能力的准确信息。它同时代表了期待、机遇和回报。如果你不能处理好工作期望，就不能成功。你人脉中的成员们会把他们的期望建立在你的个人品牌、个性和技能上。

在你的人脉发展很好的状态下，你的个人品牌会有助于创造机会。没有机会，就没有回报。简而言之，你的个人品牌可以定义你的职业生涯，那么为什么不尽力做到最好呢？

当然，如果你推出新产品或新服务，就会花相当多的时间考虑如何定义和打造其品牌。这与为你的个人品牌做同样的事情真的没有什么不同。你希望高级管理层能够看到你，并且了解你独特的能力和帮助他们实现经营目标的能力。你想要确保人们知道你的成就，以及你受雇以来获得的任何新技能。你想成为能够发现和解决问题的人，以及坚持不懈、愿意接受新机会的人。所有这些都可以（通过打造个人品牌）做到，却又不会显得过于自我推销或自私。

当然，重要的是要记住，打造你的个人品牌是不够的。你必须继续进一步提升你的知识储备和其他资源。如果你只知道榨干自己的资源（知识、品牌和网络），你的职业生涯很快就会结束。

榜　样

在我们开始谈如何建立个人品牌之前，我希望你考虑一下榜样。你钦佩别人身上的哪些特质？

找到四个能激励你或你钦佩的人，思考并回答以下问题。

（1）你为什么选择这些人？列出这些人身上值得你钦佩的价值、品质和成就。

（2）榜样对你意味着什么——你能如何利用榜样呢？

（3）你会用什么关键字来描述你的选择？

在你的选择中是否有一个连接点来支持或识别对你重要的价值和品质？做此分析可以帮助你更好地定义你想在个人品牌中突出哪些品质。

创建个人品牌

在打造个人品牌的过程中我有两个关键步骤：创造和交流。在创建品牌时，以下是你需要探索的内容。

（1）未来。定义你的战略目标。

（2）你对于自身的认知。明白你的价值观和特点。

（3）他人对你的认知。了解其他人如何看待你的价值观和特点。

（4）查一下你的数字足迹。可以在谷歌中搜索一下关于你自己的信息。

（5）确认你的特殊贡献，并确定你的个人品牌表述。

（6）了解你的环境。关注竞争者（Competitor）和影响者（Influencer）。

未来——你的战略目标

创建个人品牌最重要的部分是我真正需要强调的：你需要知道你想要用个人品牌实现什么。如果你没有规划好最终结果，就没有理由开始行动。

你的短期、中期和长期目标是什么？

	短期 （6~12 个月）	中期 （1~3 年）	长期 （3 年以上）
物质目标（工资、业务增长）			
职业目标（地位和权威、理想的工作、在公司的地位）			
个人目标（物质目标和职业目标除外）			

你对于自身的认知

一旦制订了计划，包括目标和想要改变的事情，你就应该开始了解你的价值观。如果你研究了第 11 章中提到的性格优势的 VIA 分类，就已经做了重要的基础工作。

你如何描述自己的个性、价值观和才能？

问题（1）~（4）应该用字词而不是句子回答。

（1）在你的性格中，哪些特质和价值观最明显？

____

（2）你认为自己最大的才能和品质是什么？

____

（3）你的职业兴趣是什么？

____

（4）你的个人爱好是什么？

____

（5）如何用一句话来描述你的职业形象？

____

他人对你的认知

你知道自己个人品牌的现状吗？我建议你让同事和社交圈里的人对你做一个 360° 评估。让熟知你的人坦诚地说出他们对你的印象。如果你不想冒这个可能破坏关系的风险，可以和教练或社交团体一起完成这个任务。虽然他们可能不了解你，以及你最亲密的朋友圈和工作关系，但他们仍然能够凭借对你充足的了解给你可靠的反馈。

这个反馈将帮助你识别你认为的品牌形象和别人对你的看法之间的差异。你也应该在谷歌上搜索一下自己，了解迄今为止你在网络上留有哪些痕迹。这样做可能会获得一些意外收获。

（1）一旦你从自己私人和工作圈子的熟人那里得到反馈，就应该把它和你自己的观点相比较。注意别人的反馈中体现出的模式或某些倾向。

个人特征和价值观	才能和素质
自己的答案	
他人的反馈	

（2）写下你的答案和别人的答案之间的差异，以及这对你个人品牌的意义。

差异	对个人品牌的意义

（3）现在，你已经全面了解了你的个人品牌形象，其中包括个性、价值观和才能等。

你是否想要删除、更改或添加你的个人品牌内容？如果是，你将如何调整？

对个人品牌的调整	可能采取的行动

用谷歌搜索自己

在谷歌上搜索一下自己。你是否出现在某些意想不到的网页上？有没有什么让你感到惊喜或使你更加确信自己对个人品牌的期望？

你的个人品牌表述

下一步是问自己一个非常困难的问题：你做什么才能在工作中真正有所作为？你需要投入什么？当人们问起你有哪些特殊贡献，你能够自豪地说出来。并且，这不关乎你的团队，而是关乎你个人。我感到惊奇的是，当我试图了解人们作为个体如何发挥作用时，人们常常试图谈论他们在团队中所做出的努力。

特殊贡献：________________________________

以上问题的答案引出了你想知道的事情。假设你的答案与你的价值观和目标一致，就可以用这个来创建一个个人品牌表述。当你开始传播你的个人品牌时，你可以在此基础上进一步建立。

你不应该吹嘘自己是世界上最好的创新领导者或者内部创业者，因为你甚至连接近都算不上。对于在这个领域工作的很多人来说，这种说法过于宽泛了。

你需要一个更具体、更简明的定位，你也应该关注特定的受众群体。你还应该让自己的品牌定位符合自己的热情和目标方向，从而使它能够代表你的形象，并能够存续下去。

给你一个可供借鉴的灵感吧。我个人的品牌表述是：我帮助公司识别和培养推动创新的员工。在我更广泛的社交圈中，有一个人声称他是在医药相关公司中用户驱动型创新领域的权威，而另一个人声称他是在产品导向型公司中利用服务和知识创造价值的专家。你的个人品牌表述是什么？

个人品牌表述：________________________________

把这个表述当作你的个人电梯游说。当你有机会和别人谈论自己在做什么时，就可以用这个表述。当你遇到一个刚认识的人时，用这个个人品牌表述来开始一场谈话，这比仅仅提供你的公司名称和职位要令人记忆深刻得多。

了解你的环境

就我个人而言，我不太关心竞争，因为我相信自己能够向社交圈成员和咨询客户提供的价值要比我所谓的竞争对手多得多。

然而，在一个更大的组织中，会有些不同，因为你总要争取资源、关注和晋升机会。然而，尽管我希望你们不要把同事看作残酷的竞争对手，但你们仍然应该知道，在某些情况下还应该了解、观察内外部竞争对手或同事在组织中的地位和影响力。毋庸置疑，你也应该了解、观察那些能够影响你成功的人，无论他是主动还是无意的影响。

试着了解你正在分析的人，特别要了解一下他们在组织中官方和非官方的地位。他们只是组织中官方的领导者，还是他们设法在自己周围创建跟随者？他们在组织中可见吗？他们是优秀的演讲者、作家还是社交家？试着了解他们是如何发展、利用内外部关系的。

现在与三个人一起试试这个练习。然后开始观察组织中发生的事情，当有人激励你或者当别人得到令你惊喜的机会或晋升时，把他们添加到你的列表中。

你还应该考虑将此应用于你的行业生态系统，因为这将帮助你更好地了解动态，使你看到那些之前没有看到的机会。

关注对象	地位	可见度	人脉	其他观察

你需要考虑社交时需要的人和那些对你的职业产生负面影响的人。他们是谁？他们为什么很重要？你们的关系如何才能为你们双方增添价值？你如何克服消极影响？当你的目标发生变化时，试着从短期、中期和长期的角度来做这件事。尝试与三个人练习，如果可能的话，尝试在短期、中期和长期中分别选择不同的人。

谁	为什么	如何

传播你的个人品牌

建立个人品牌的第二个关键步骤是传播。在这里，我想向你介绍管理大师和作家汤姆·彼得斯（Tom Peters）。十多年前，他在《快公司》杂志（*Fast Company*）上发表了一篇题为《你的品牌》（*The Brand Called You*）的文章。在文中，他创造了个人品牌（Personal Branding）这个表述。

汤姆·彼得斯认为一切都很重要。当你在宣传个人品牌时，你所做的一切，以及你选择不去做的一切，都会传达你品牌的价值和特点。从你处理电话交谈的方式，到你发来的电子邮件，再到会议上做生意的方式，一切都是你传递出的关于你个人品牌的更多信息。

根据汤姆·彼得斯的说法，我认为，任何个人品牌推广活动的关键都是口碑营销。朋友、同事和客户的关系网络是你所拥有的最重要的营销工具，他们对你和你的贡献的认知将最终衡量你的品牌价值。因此，打造品牌的最大窍门就是找到方法，有意识地培养同事关系。

我们将在第 15 章中进一步讨论私人层面的社交网络。现在，我将向你介绍四个类别的传播工具：表现、写作、演讲和社交。

表现。这是你工作的方式。你可以把这称为完成其他所有事情的先决条件，因为如果你表现不佳，一切都无意义了。表现不佳或无能是瞒不了多久的。

在个人品牌方面，传播个人品牌的关键就是在团队中留下你个人的记号，以及确保在独立工作中能收获应有的业绩认可。我并不建议你每参与一个项目都拼命让你的付出被认可；但你应该观察关键人物是否注意到了你的贡献。如果没有，你应该评估形势，并找到实现这一目标的方法。更重要的是，你应该观察这是否常见。如果常见，是因为你没有认领自己的业绩，还是因为你的同事或经理总是动作更快、直接抢走你所有的功劳？

正如汤姆·彼得斯所说："要提升你的实力，关键是要认识到这样一个简单的事实：当前，我们生活在一个项目制的世界里。"今天几乎所有的工作都被打包成一个个被称为"项目"的小部分。一个以项目为基础的世界为提升你的品牌效应创造了理想的环境：项目制使得工作成了可交付、可衡量、可吹嘘的对象。如果你没有把至少 70% 的时间用来创建项目或者将你的（显然很平凡的）任务组织成项目，那么你依然可悲地活在过去。而今天，你需要以项目制的方式思考、呼吸、行动和工作。

写作。或许，传播个人品牌最好的工具就是写作。其具体形式有很多，如报纸专栏、时事通讯和贸易杂志，以及公司内外部的媒体。数字世界为你提供了一个创建博客的机会，可以展示选定主题的专业知识。几年前，似乎每个人都急匆匆地开通了博客，但这些博客中有许多后来就被搁置了，这使得在当今的博客世界中建立个人品牌变得更容易。然而，积攒读者需要很长时间，你必须频繁地出品原创内容，至少每月一次。

演讲。你是个天生的演讲家吗？即使是，你也应该进一步发展这些技能，并开始构建一系列你可以演讲的内容。你还可以开展多种形式的演讲，从午餐演讲到全天工作坊。和写作一样，这是一个展示你专业知识的机会。一旦你有别人欣赏的内容，就应该寻找发表演讲的机会。除了内部机会，你还可以寻找对你的话题感兴趣的社交小组。行业会议经常寻找新的演讲者，特别是来自公司的演讲者，而不是咨询顾问，所以可以查看他们的网站，看看是否有类似需求。

社交。你与人相处顺利吗？如果顺利，你应该发展社交技能，并通过与他人的互动来传播你的个人品牌。成为那个特定领域的专家，不错过帮助和连接他人的机会。你不应该仅限于参加活动，有很多机会主办活动，你可以控制内容，并近距离接触受邀演讲者和参与者，这可以包括非正式晚餐、工作坊或会议等。

这些交流工具的结合将使你在别人那里树立起正确的个人品牌。如果你这样做了，就会建立起汤姆·彼得斯所说的“声誉力量”。正如他所说的：“如果你是个学者，可以用别人引用你出版物的次数来衡量；如果你是一名顾问，可以用拥有你名片的 CEO 的数量来衡量。”

你可能已经认识到这些步骤也可以用来为团队打造品牌。那么，你可以通过做自己擅长的事情来同时成就个人和团队。作为一个团队的成员，你仍然应该建立自己的个人品牌，然而，你需要意识到，一个声誉糟糕的团队会对你的个人形象产生负面影响。

练　习

让我们来做一个小练习。设想一个正在进行的或即将启动的倡议或项目，在其中你也可以同步传递你的个人品牌，写下项目或倡议的简短说明。

____

你如何利用这个倡议来传递你的个人品牌？你能使用哪些工具？

____

评估和迭代

我曾提到，建立你的个人品牌有两个关键步骤。这是第二个非常重要的步骤。你还需要不断迭代你的个人品牌，并且评估你为此所做的努力。首先确定你想实现的目标，然后设计能够衡量你进展的指标。这个指标可以是你发表的专题数量、提及你名字的文章数量、谷歌上的点击数量，以及寻求你的知识的人数等等。只设定几个指标，试着跟踪它们三个月，然后再重新评估。

你也应该寻求别人的反馈。可能是一群值得信赖的人、一个教练或导师，他们都可以观察你的进展。你需要确保这些人能够对你的表现给予真实的反馈。

当你觉得自己从别人那里得到的反馈以及你决定遵循的标准都处于正确的轨道时，应该为你的个人品牌设定新的目标，以确保不断地迭代。记住，你未来的个人品牌是与你设定的目标联系在一起的，因为是你自己来定义成功。

让我们以汤姆·彼得斯的话作为本章内容的结尾：这很简单，你是一个品牌，你负责你的品牌；除非你从今天就开始行动，否则没有任何办法能让你成功，也没有其他正确的方式能让你建立起一个属于你自己的品牌形象。我认为这仍然成立。

我们已经接触到人脉和关系，因为它们与开放式创新和个人品牌交织在一起。在第 15 章，我将进一步探讨如何利用人脉和关系来实现你的目标。希望所有这些对社交的集中讨论能让你和我一样坚信：社交能力非常重要，它在很多场合，出于很多理由都会被使用到。

本章要点

（1）每个人都有自己的个人品牌；把控好你的个人品牌形象会带来自由和机会，这是实现目标必需的要素。

（2）分析那些激励你的人，以便了解这些榜样的哪些方面是你想加入到个人品牌中的。

（3）创建个人品牌的两个关键步骤是创建品牌，然后将它传播出去。

（4）建立你的个人品牌表述，确定你的战略目标，分析你的价值观和特点，从周围的人那里获取你的品牌信息，检查你的数字足迹，并确定你的特殊贡献。根据这些信息，你可以建立一个品牌表述，作为你个人电梯演说的底稿。

（5）通过关注竞争对手和对你造成影响的对象，可以了解到你的个人品牌所运行的环境非常重要。

（6）表现、写作、演讲和社交是传播个人品牌的关键工具。

第15章

强化你的
社交网络

我希望你能够思考和反思社交以及社交网络对你的价值，以提高能力，在开放的创新环境中成为强有力的领导者，宣传你的个人品牌，让你更接近自己的成功愿景。让我首先分享一下自己的过往经历和经验。

我非常热衷于通过人际关系帮助别人建立联系和创造价值。在 20 世纪 90 年代后期，我遇到了朱莉・迈耶（Julie Meyer）。她是一个在伦敦的美国人。她非常怀念美国的关系网，这使她发起了“第一个星期二”（First Tuesday）项目。这是一个社交组织，旨在帮助与 IT 相关的企业家实现其商业梦想。在 18 个月里，“第一个星期二”从伦敦的一家鸡尾酒酒吧发展到拥有六大洲的 15 万名成员。我在朱莉・迈耶创建这个组织之前就认识她了，我们相谈甚欢，也都从彼此那里获得了帮助。不久以后，我成了丹麦组织的负责人，发展了 7 名工作人员和 4 000 多名成员。我还帮助组织开发北欧地区，并一直与我们伦敦总部保持着密切的沟通。这给了我在风险资本和创业方面不可思议的人脉。

几年后，当每个人都在谈论纳米技术时，我很快就想到蒂姆・哈珀（Tim Harper）是欧洲的“纳米技术先生”（Mr. Nanotech）。我邀请他到丹麦参加一个讲习班，并向这里的相关人士介绍了他。我们的关系更近了，不久后我加入了一个很有前景的项目——去建立一个全欧洲的纳米技术关系网络。结果这个项目太宏大了，因此不久后我又回到了自己的项目。不过，在参与项目期间，我建立了一个高级别的纳米技术关系网络。同时，由于我在“第一个星期二”的项目中被多次报道，我的个人品牌变得更立体了。

另一位优秀的社交家是我的好朋友，肯尼斯·P. 莫尔斯（Kenneth P. Morse），他是马萨诸塞州波士顿的一位中心人物，是麻省理工学院创业中心（MIT Entrepreneurship Center）的总经理，他也是我见过的最出色的社交家。他善于创造并维持关系，并为这其中所有的人创造价值，他是一名国际大使。我向肯尼斯介绍了丹麦系统，虽然还有更多的行动需要开展，但我很高兴看到肯尼斯和麻省理工已经给丹麦这么多人带来了影响。

你可能会问，怎样才能和一个比自己更有影响力的人建立联系？最好的方式就是你能够帮助他们提升他们的人脉、财富和公众形象。你能帮助他们联系到你们国家特定领域的主要人物吗？你能帮他们赚钱吗？组织研讨会或活动是一个很好的工具，因为当你组织活动时，你需要经常和这些有影响力的人保持联系。为这些有影响的人物安排新闻报道也会帮助他们更好地做形象宣传。

我所有社交体验的共同点是，我找到了自己真正感兴趣的议题，同时也能提供有趣的商业机会。然后，我确定了这些领域的关键人物，并与他们建立了联系，确保我有什么东西可以回报给他们。我的观点是，你应该参与你真正关心的工作，开始了解相关的生态系统和生态系统的关键人物。如果你可以和任何特定领域内的几个关键人物（有影响的人）建立联系，你将获得很多优势：

（1）你在各个层级都会有更好的发展机会。

（2）你的技能将会得到发展，因为你必然会从他们那里学到新东西。

（3）你将与正确的人连接在一起，你的个人品牌也将会得到提升，而且与更多正确的人连接在一起甚至会变得更容易。

（4）新机会即将到来，你的公司也将获得许多新的机会，这将为所有参与方创造出双赢局面。

除了与有影响力的人建立联系外，还应该意识到这项活动将如何影响你在公司中的形象。如果你这样做了好几年，人们就会开始认为你在特定领域里拥有良好的人脉和影响力。你就会加强你自己的个人品牌影响。

我们都感受到过拥有优质人脉并为人所知会对其他人有何帮助，但这有时也会对我们自己不利。你有没有问过自己：“为什么是同事彼得得到了那份工作，而不是我？我明明更能胜任。”是的，你可能有更好的技能和经验，但你的人脉能让这些品质起作用吗？你是否建立了人脉，让公司的决策层清晰看到了你的品质？同事彼得已经具有了这种能力，这使他在升职和获得新机会方面具有优势。

让我们看看你如何才能得到这个优势。

三种关系网络类型

当你开始计划构建有效关系网络的方法时，要意识到实际上需要三种不同类型的关系网络。埃米尼亚 · 伊贝拉（Herminia Ibarra）和马克 · 亨特（Mark Hunter）在《哈佛商业评论》中写道，他们根据对 30 名新型领导者的研究，总结出了三种关系网络类型：

（1）业务网络（Operational Networking）

业务网络旨在更高效地完成被分配的任务。在业务网络模式下，你将与那些和你工作计划息息相关的个体建立更紧密的关系。

（2）个人社交网络（Personal Networking）

个人社交网络包括与组织外的人接触，学习并找到提升个人地位的机会。

（3）战略网络（Strategic Networking）

战略网络是为了实现业务目标而建立的网络。在这个层次上，你创建了一个帮助公司发现并利用新机会的网络。事实证明，向网络化转变的能力是对领导力的关键考验。

伊贝拉和亨特用表格对此进行了总结。

	业务网络	个人社交网络	战略网络
目的	有效完成工作；保持小组所需的能力和职能	加强个人和专业能力的发展；收集有用信息和联系人	确定未来的优先事项和挑战；得到利益攸关方的支持
面向的方向和时间维度	接触大多是来自内部的，面向当前的需求	接触大多是来自外部的，面向当前的利益和未来的潜在利益	接触是来自内部和外部的，面向未来
参与者及其招募	主要关系是相对确定的；它们主要由任务和组织结构来确定，因此相关关系非常清晰	主要关系大多是不确定的；相关关系并不是很确定	主要关系由战略背景和组织环境决定，但具体成员是酌情决定的；相关关系并不总是很清晰
网络属性与关键行为	深度：建立坚固的工作关系	广度：联系可以推荐的联系人	影响力：创建内外连接

最大化关系网的作用

当你努力构建自己的运营、战略和个人网络时，以下是几个关于如何最大化关系网作用的建议。

（1）先梳理目标，再去发展关系

我强烈建议，当有些人说“你应该与眼前的每一个人建立关系，这样就不会错过任何一个机会”时，不要听从这样的建议。你已经很忙了，而时间是你拥有的最珍贵的东西，所以不要把时间花在无助于主要目标的活动上。

这个原则也非常适用于社交小组，社交小组可能对你非常有用。然而，只有在你有目标的情况下，你才应该加入这样一个小组，一旦这个目标已经实现，离开这个小组也是可以的。

（2）学会“打开开关”（即使你是一个内向的人）

有些人认为，只有外向的人才能成为优秀的“社会人”。然而，心理学家对于内向的人的定义却是：从独处中获得能量的人，无论他们是否外向或是否害羞。我的情况就是这样。我把自己归类为一个内向的人，我喜欢独处。我在和人相处时完全没有问题，但我更愿意独自一人或与家人在一起。我的诀窍，以及内向的人必须使用的诀窍是：我可以打开开关进入社交模式。我已经学会了社交的相关技巧，同时，我也相信，比天生的外向者更加努力地去社交，使我成了一个更好的“社交人”。

学习理解社交网络的运作以及你可以如何利用社交网络实现自己的目标，会使你变成一个更好的社交参与者。在你参加活动或会议之前，让我分享一些关于如何打开开关的建议。

- 在你去参加一个活动之前做好研究：了解你想见谁，并且做好准备。
- 每个人都在试图建立“向上”的社交关系。如果你希望连接的人认为你和他们不在一个级别上，就会认为你在浪费他们的时间。社交时间往往非常有限，然而大多数人都很有礼貌，会给你一分钟。所以，做好准备，充分利用好你的短暂机会。如果你准备好了，即使对于内向的人来说，事情也会容易得多。
- 尽快做好必要的后续工作。

（3）利用六度分隔（Six Degrees of Separation）的力量去连接世界上的任何一个人

这里说的是，如果一个人离他们认识的人只有一步，而离熟人的熟人有两步，那么最多通过六个人你就能够认识地球上任何一个陌生人。想想那些真正能影响你职业生涯的人，看看你跟那个人联系需要多少步。你经常会惊讶地发现，你甚至不需要六步，通常三到四个连接就能完成。

以下是它在网络方面的工作原理。社交网络将人群与其他具有相同价值观或拥有共同专长的人聚集在一起。较大的群体通常只有少数人连接这个群体之外的人群；这些人是经纪人或关系桥梁缔造者，他们把群体与其他群体联系起来。经纪人的角色解释了六度分隔是如何起作用的。如果你连接到一个关系桥梁缔造者，那个人将连接你和另一个关系桥梁缔造者，以此类推，直到找到你需要的人。你自己当经纪人可以变得很有价值。此外，与他人联系会产生碰撞，从而创造新的思维方式和繁荣，因此，对于创新领导者和内部创业者来说，成为经纪人会格外有价值、格外令人兴奋。

（4）使用虚拟工具

越来越多的在线工具和服务似乎使社交变得更加容易。注意，这其实很微妙。许多人告诉我，他们确实看到了如何从虚拟工具中获得价值，但似乎存在代沟。年轻的一代一旦被允许使用在线社交网络，他们将在工作的各个方面使用在线社交网络。28 岁及以上的人需要考虑这将在未来几年产生何种影响。

我使用领英，这个全球最大的在线商务社交网站，它非常适合管理我的社交网络，即使它除了能够使我接触到自己社交圈外的人以外，似乎没有更多的价值了。然而，在添加了问答和群组等功能之后，在领英上花费时间会变得更有价值，因为你获得了学习新事物和分享自己见解的好机会。

（5）了解非正式和正式的关系网络中的领导

你需要知道那些不在正式组织图上的影响者。这些人对其他人有着巨大的影响。如果你正在研究企业变革计划或构建创新文化，这些人将尤其重要。在加入任何正式的社交组织之前，应该了解其背后的力量。

（6）找出理由、提问以及交流

准备好联系他人的理由。这是双向的。一旦类似简短会面或会议的互动结束，你应该记得询问人们如何可以帮助他们，并让他们知道他们可能帮助到你的任何方式。如果你不问，什么都不会发生。

（7）说——写——面谈

你会使用哪种交流“媒介”来建立你的品牌和网络？有人说得好，有人写得好，而另一些人与他人当面交流很好。找到你的强项，并以此为基础，考虑与其他人合作来涵盖所有方面。如果你在一个团队中工作，可以将第 14 章中的许多想法应用到我们所谓的团队品牌中，这尤其重要。

个人社交网络分析

我得出的结论是，帮助其他人发展社交技能的最佳途径是重点关注现实生活中的案例。在这些案例中，我（如果是在一个工作坊里，那么还有其他参与者）可以就如何处理社交网络问题提出建议。更长时间的辅导实际上是帮助人们发展社交技能的最佳方式。在研讨会上，我使用下面的个人网络分析来帮助参与者更好地理解他们的社交网络。

首先，在“姓名”一栏中，写下最多 20 个人的名字，你可以向这些人寻求信息或帮助，以解决与工作相关的问题。他们不必和你的工作领域有直接的联系。

其次，考虑你为实现目标而必须获得的知识和专长，写下知识和专长的种类，并将不同的类型列在不同的行里（1~8）。

确定联系哪些类型的专业人士。最后，总结每个人的知识类型的总数（横向）和每个专业知识类型的总数（纵向）。

技能 / 姓名	1	2	3	4	5	6	7	8	总和
1									
2									
3									
4									

续表

技能 / 姓名	1	2	3	4	5	6	7	8	总和
5									
6									
7									
8									
9									
10									
11									
12									
13									
14									
15									
16									
17									
18									
19									
20									
总和									

社交网络的使用：影响和行动

你非常依赖一小部分人吗？你的社交网络是否缺乏对你重要的领域？如果是，你能做些什么来改变现状呢？

影　响	可能的行动

现在你已经规划好如何利用现有社交网络的力量，建设和加强你的社交网络，那么这将达成你的目标和成功的愿景。

现实世界中的社交

在这次采访中，曾任丹麦科汉森（Chr. Hansen）创新项目高级主任的拉斯•亨里森（Lars Hinrichsen）和我分享了他对网络和关系的看法，及其对工作的影响。丹麦科汉森是全球领先的天然成分解决方案的开发者，如利用培养物、酶和颜色。后来，拉斯•亨里森被任命为丹麦肉类研究所（Danish Meat Research Institute）的首席执行官。从某种程度上来看，取得这样的成就源于他在丹麦食品行业建立的良好个人品牌和社交网络。

做一名优秀的社交家需要什么？

亨里森：我认为社交非常类似于"给予与接受"，这需要你愿意开放。当你敞开心扉，在特定的环境中给予一些东西时，你也会有机会让别人在特定的环境中帮助你。

另一件重要的事情是你必须与他人建立关系。在社交中，有很强大的社会元素存在，你必须能够获得某种程度的信任。还有一点也很重要，那就是有一个共同的平台，或者你可以称之为网络或关系的使命。作为一个优秀的社交家，你应该对此有所了解，并能够作出贡献。

你如何评价自己网络的规模和亲密度？

亨里森：它随着时间的推移而变化，实际上只是在过去的几年里，我才开始把它看作一个网络。可以说，我的网络主要由三个部分组成：技术网络、领导网络和社交网络。我有研究背景，我的技术网络可能是最大的，也是最全球性的；我的领导网络更加个人化，多年来一直主要是与各岗位的同事和业务伙伴建立直接关系；社交网络的成员则是家人和朋友。

你在母校MBA学院的校友组织董事会任董事，你为什么加入这个组织？你在校友组织中处理什么问题？

亨里森：毕业后我被鼓励加入董事会。我怀着开放的心态，随时做好准备承担属于我的工作。三年后，现在很明显，其主要目的是为校友之间建立富有成效的网络框架，特别是晚间关于公司案例的高质量学习论坛以及接下来的辩论。

实际上，我们的问题之一就是在网络与后MBA教育之间找到一个良好的平衡。我们可能过于关注教育部分，而对网络部分的了解不够。

你属于其他网络组织吗？如果是，它们是谁，你从中得到了什么？

亨里森：如你所知，我是丹麦创新领导者网络组织中的一员。我最近也参加了“创新圆桌会议”（Innovation Roundtable），这是来自哥本哈根商学院（Copenhagen Business School）的斯堪的纳维亚的倡议。我还属于一些技术社群中。

INTRAP是一个专注于创新领导力的专业社群，我从其他公司提出的挑战和解决方案中学到了很多东西。我在技术社群中不太活跃，而主要保持对欧洲食品技术领域的持续关注。

你使用网络工具吗？如果是，那该怎么办？

亨里森：我和大家一样使用领英。我想我还在学习进步（或者变老了），因为我还没有真正看到价值。然而，你能看到你认识的人并关注他们的努力就是很棒的了。

你在社交时面临什么挑战？

亨里森：我不认为自己是一个优秀的社交家，但我想学习并变得更好。我一直钦佩有这种才能的人。

是什么让你很难成为一个优秀的社交家？

亨里森：我认为这主要取决于你是谁。我想我可以用“接收综合征”（Reception Syndrome）来形容我的情况。在这些活动中，我根本不知道该做些什么，我无法想出任何特别有趣的事情来谈论，也许你知道这种感觉。你应该融入集体并且认识新朋友，但是你怎么做呢？我认为，在一个网络中，你应该打破障碍，并且意识到那些你想认识的人事实上也想认识你；更重要的是，你迅速转向下一个人介绍自己也是没有问题的。实际上，当我去参加招待会时，我都会利用机会锻炼这些能力。

你能举出其他人如何请求你帮助的例子吗？或者你作了很多贡献的情况？

亨里森：通常是引导有需要的人找到能提供帮助的人，可以说我经常充当一个介绍人的角色。在其他情况下，我具备在特定情况下所需的能力，通常是对问题给予合理的反馈。科学界非常重视社交活动和同行评审，所以我想我是其中的一部分。

你能举例说明你如何把网络和关系用于长期战略目标吗？这可以包括工作和职业发展。

亨里森：在我的各种工作岗位上，我一直试图与其他公司的同事建立关系，我从中可以学到很多。具体地说，在必须适应变化的监管或政治新形势的情况下，我对于如何更有策略地工作很有经验。

你能举一个具体的例子吗？

亨里森：很难讲得太细。但当欧盟引入一项新的过敏原立法时，我需要去激活我的社交网络。在这种情况下，不是去做游说，而是了解其他公司在实践中如何处理新的、非常复杂的法律状况，同时避免给整个供应链造成负担。

关于职业发展，我必须承认我并没有太认真地应用我的社交网络。

你觉得网络最普遍的误解是什么？

亨里森：现在谈论网络非常流行。这可能是一种误解：认为在正确的网络中，一切事物都会为你顺利运行。事实上，它总是从你和你能提供的开始，看看镜子，问问自己："为什么会有人在网络里邀请你？"

本章要点

（1）接受现实，在当今的商业世界中，网络是成为创新领导者的关键工具。

（2）选择与你感兴趣的问题相关，同时也能提供有趣商业机会的社交机会。

（3）发展业务网络、个人社交网络和战略网络。

（4）先梳理目标，再去发展关系。

（5）意识到做一个内向的人并不妨碍你成为一个优秀的"社交人"。

（6）利用六度分隔的力量，为网络增加重要的人。

（7）使用虚拟工具来扩展你的社交范围。

（8）分析个人社交网络情况，规划好如何利用现有社交网络的力量，同时为加强你的人脉树立目标。

第
16
章

推广你的

愿景和理念

作为一名创新领导者，你总要有东西可以卖。归根结底，它是一种产品或服务，但在创造收入来源时，你必须将创新愿景推广给内部和外部的利益相关者。在本章中，我们将讨论如何通过以下方式传达这一愿景。

（1）制定适合不同利益相关者的价值主张。

（2）在简短的电梯游说中，关注信息的接收程度，抓住价值主张的本质。

杰弗里·摩尔（Geoffrey Moore）是《跨越鸿沟》（*Crossing the Chasm*）的作者，也是硅谷的顾问。其著作《跨越鸿沟》描述了新产品或服务上市时所面临的问题，并提供了克服这些问题的策略。让我们看看他的想法。

价值主张

在《跨越鸿沟》一书中，摩尔用价值主张这个术语来描述我们会从待选项中做出什么选择，但如果这些选项不能改善我们的现状，我们就什么都不会选。价值主张指出了我们利用时间、精力和资源来追求目标的方法。我们的任务是评估某个价值主张是否优于我们已经取得的成就，或者某个价值主张能从所有价值主张中脱颖而出。了解什么是价值主张，可以指导我们对各种备选方案进行评估。

摩尔描述了交流有效价值主张所需的 6 个要素。这些要素是：

（1）用于（目标客户）；

（2）谁是 / 想要 / 需要（需求、机会或令人信服的购买理由的陈述）；

（3）（产品名）是一个（产品类别）；

（4）那么（关键利益说明）；

（5）与（主要竞争选择）不同；

（6）我们的产品（主要区别的阐述）。

基于这 6 个要素模型，摩尔用高性能计算美国硅图公司早期进入好莱坞的案例来说明价值主张应该是怎样的。

（1）传统电影编辑存在局限性，后期制作电影的工程师对此不满意，而我们的工作站就是一个数字电影编辑器，允许你以任何方式修改电影图像。

（2）与 Sun、HP 或 IBM 的工作站不同，我们已经组装了后期制作电影编辑所需的所有界面。

摩尔推荐这种方法，因为这种方法可以让你传达出所有重要的东西，而不是提供过载的信息。它也可以让你用几句话来解释你的产品或服务。该方法的核心是，如果你能在 60 秒或更短的时间内向别人传达你的信息，他们会记住大部分价值主张。口口相传是最重要的沟通方式之一，这就极其重要了，因此建立价值主张也可以在之后开展电梯游说时使用。

请记住，价值主张应该关注你能为你的听众或顾客提供的收益。它不是关于你或你销售东西的理由。同时，你还要试着让你的观点简单易懂，要聚焦你的目标群体以及他们的需求。此外，要强调关键优势，即使你可能提到很多，但只着重介绍一个或极少的竞争对手。

最重要的是，这个主张不能是过度宣传，或者完全编造的，它必须立足于现实世界，这一点在管理方面有很大的价值，因为它非常有助于确保我们达成共识。最终，你会发现，出于销售和市场营销的目的，它可能会被过度宣传，但我建议你为了早期的内部目标，尽量使其保持客观性。

在致力于宣传你的价值主张时，你应该尝试从“我们提供帮助”之类的词开始（至少你的演讲中应该包含类似表达），因为这样可以帮助你关注你的听众和他们的需求。

现在，让我们做一个练习。想想你的产品或重要的信息，问问自己，你是在关注你自己，还是在关注那些你的听众。记住你的产品或信息，在纸上写下“我们提供帮助”等内容，然后试着完成句子，制作几个版本。完成之后，你可以利用摩尔公式开展下一步工作。

现在，你已经阅读了关于价值主张的简短介绍。我希望你能感觉到这个工具的强大性，理解它对创新领导者和内部创业者十分重要的原因。

电梯游说

愿景能够帮助你理解做这件事情的原因，价值命题则帮助每个人达成共识，现在你应该为电梯游说做好准备了。

电梯游说（或电梯演讲）是指简要介绍产品、服务或项目。顾名思义，电梯游说是在乘坐电梯的时间内完成。当我练习时，通常用 60 秒的时长，因为我发现 30 秒的时间提供的信息过于表面。

“电梯游说”一词通常用于创业者向风险投资家展示想法的时候。风险投资家往往会根据电梯游说的质量来判断某个想法和背后团队的质量，他们会要求创业者通过电梯游说来摒弃那些不好的创意。

关键利益相关者可能会影响你的产品或信息，你应该用电梯游说建立与他们的第一次连接。这一点很重要，电梯游说不是为了销售，而是为了有机会在未来的会议上更详细地解释你的产品或信息。眼下不要试图出售，也不要涉及细节，只要开启一场电梯游说就好。

你会与各类利益相关者产生交集，如合作伙伴、客户和同事，所以你要针对不同的利益相关者制作并采用与之适宜的电梯游说版本。

我经常对我的团队成员说，他们应该建立一个作战室，张贴关键目标客户群的海报，并写下可以获得的所有信息——包括业务和个人信息。例如：

（1）为什么目标客户群与你的产品有关？

（2）如果他们喜欢你的产品，他们怎么能帮你呢？

（3）他们的商业信息（公司信息、在公司中的位置、组织结构和联系信息）是什么？

（4）他们认识哪些人？

（5）你知道谁可以让你与目标群体或那个圈子里的人联系？

（6）你在哪里可以接触到目标群体（会议中、咖啡馆或餐馆、搭乘交通工具时）？

（7）他们的公众形象（谷歌、文章、演讲）是什么？

（8）他们的个人兴趣是什么？

（9）你或你的队员与目标有什么共同之处吗？

（10）该目标群体有帮助他人的历史吗？

（11）你能跟他们以前帮助过的人联系，并询问这些人与目标群体沟通的经验吗？哪些经验是奏效的？

这些问题当然也必须在线上暂时隐藏起来，但如果你把它们放在作战室或你的办公室，会有助于让你看清楚你的关键利益相关者。做可视化工作的团队并不多，但是你应该做这种信息练习。你对目标群体了解越多，你就越能做好准备，迎接千载难逢的潜在机会，给目标群体留下深刻的印象，进入或许将影响你事业成败的下一个阶段。

当然，你很可能永远无法使用真正意义上的电梯游说，因为当你与他人互动时，你几乎总有不止一分钟的时间来证明你的观点。于是你可能认为没有必要这样做。错。价值主张和电梯游说的关键目的就是做好准备。在定义你的价值主张、调整演讲内容时，你能学到很多东西，它们能让你很好地理解你的产品、服务或信息，这样你就更容易获得成功。这就产生了世界上所有认真对待这一点的理由。

想象一下：你已经有了一个能在公司里真正发挥作用的想法，然而，你却一直在面对公司内部的犹豫不决。在向那些似乎无法做出决定的人再次做了这样的介绍之后，你跟那位似乎能够决定你的想法成败的人走进了电梯。你知道这或许是你唯一的机会了。你的脉搏加快，体温升高。你要做些什么？

准备好应对这种情况的人太少了。他们没有考虑太多，更不用说准备发言内容或者为发言做彩排了。因此，他们没有利用这次机会，让它白白溜出门外；也可能是他们把事情搞砸了，最后让自己看起来像个傻瓜。不要把这事留给运气。准备，准备，再准备。

你在演讲中应该准备些什么？以下是我的尝试。

（1）正确介绍自己

以适当的方式介绍自己，并确认聆听人符合自己的认知。要注意你的肢体语言！在讲习班上的角色扮演练习中，我很惊讶只有很少人真正注意到这一点。

（2）找到兴趣点

你应该找到个性化的兴趣点或者从某个角度出发，以使你的听众能够专注地听你的演讲，即使他/她很忙。这个兴趣点可能是你的目标客户发表了一篇演讲或者写了一篇你听说过的文章，当你提到这一点时，对话就开启了，同时也能激发目标客户的自我意识。并不是所有的人都能获得如此多的公开信息，但你应该花时间找出一些重要的信息，让你从某件事开始，这表明你已经花了时间去了解这个人。不要做得太夸张，这会让某些人觉得你在窥探隐私。

（3）阐述重点

以简单明了的方式勾勒出重点，而不要涉及细节，也不要用太技术范的语言。例如："我们专注于为饮料和奶制品行业的顶级公司提供节约设备成本的解决方案。我们的产品可以帮助企业将设备成本降低 10%~20%，比起最低要求，不仅平均提高了 3%~4%，还减少了二氧化碳的排放量。"

（4）具体化

通过聚焦目标客户的痛点或机会来追踪重点。记住，这不是销售的必要理由，而是让目标客户进一步倾听你的必要理由。

举个例子："我们花了些时间去了解贵公司，而且我们知道贵公司每年的电费约为 1900 万美元。是这样的吗？"（你需要确定这是正确的。在你继续推进之前，等待目标客户的确认。）"好的。那么我们相信你可以在三年内节省 220 万美元，这比你的底线提高了 2.8%。你想了解更多这方面的情况吗？"

当然，他 / 她会希望了解更多，也可能不会给你肯定的答复。试着问一些你的目标客户可以给出肯定回答的问题，这能够使目标客户保持更积极的心态。

现在，你已经用特定术语将重点量化，并把术语提供给你的目标客户，这时候你就可以准备结束对话了。

（5）说明你是如何做到的，为什么你和别人不同，然后结束对话

简要说明你做了什么，以及你的产品或解决方案为什么优于市场竞争者。目标客户应该对现有产品有所了解，这使你可以在这场竞争中提出自己的定位声明。

现在你需要结束对话了。例如："我知道你很忙，我不想占用你太多时间，我们可以在未来几周内举行一次会议吗？""太好了！这是我的名片，可否也提供您的名片呢？""谢谢。我一回到办公室就和你商讨会议事宜。"

或者，如果你的目标客户是推荐人，而不是决策者，可能会略有不同："我知道你很忙，我不会占用你更多的时间。我想和辛西娅 · 杰克逊讨论这事儿可

能比较合适，她负责设备费用这块，对吗？”“太好了，你能帮我介绍她认识吗？”“好极了，这是我的名片，您方便提供您的名片吗？谢谢，我一回到办公室就会和辛西娅以及其他相关人员取得联系，讨论开会事宜。”

（6）后续行动

记住要迅速有效地跟进。你可能需要坚持，因为忙碌的人并不总能够及时回复电子邮件或电话。除了忙碌，还有其他原因。如果你的目标客户接到许多请求，他或她可能不会回应，直到你已经证明你足够坚持和专注。要证明你的坚持，就需要数次尝试去取得联系。

本章要点

（1）对于创新领导者和内部创业者来说，要能够熟练制定价值主张和电梯游说，这是非常宝贵的工具。

（2）良好的价值主张要基于现实，而不是夸大宣传。同时要提供关于产品的所有重要信息，而不是全部信息。

（3）电梯游说是指在 60 秒内呈现产品、服务或项目的概要介绍。

（4）要不断在需要接触的利益相关者身上做足功课，这样当你有机会接触到他们时，你才有充分的相关信息储备用来沟通。

（5）当与利益相关者会面时，适当介绍自己，说明重点，提高针对性，然后说明你的产品的工作原理，以及它与其他产品的不同之处。

（6）知道如何恰当地结束谈话，并确保能及时跟进承诺事项。

第
17
章

企业商业

计划竞赛

企业商业计划竞赛的主要目的是帮助公司识别内部创业者并培养他们的技能。不过，它们也可以帮助建立和完善支持开放式创新的技能。这种竞争有助于人们学会进行跨越组织创新，消除孤立现象，培养建立关系的能力。然后，在内部竞赛中积累的技能可以用来强化对外竞争的力量，而这也是开放式创新的一部分。本章节将额外讲述如何在你的组织中开展类似的竞赛。

在麻省理工学院（MIT）和哈佛商学院（Harvard Business School）等教育机构举办商业计划竞赛之后，企业商业计划竞赛已经成为一种模式。这个策略可以用于企业中，甚至可以用来推动开放式创新。成功运用这一策略促进企业内部创业的公司包括丹佛斯风险投资公司、诺维信公司和电脑巨头惠普公司。这类方案有如下作用。

（1）在短期及长期内增加企业收入及利润

企业的内部创业者往往在新的尝试或新的项目中能够呈现出最佳状态，商业计划竞赛则可以将这些项目连接起来。与此同时，如果与切实的执行战略相结合，就可以产生收入和利润。

（2）支持招募工作

举办商业计划竞赛显示，企业专注于内部创新可以提升企业形象，也更容易吸引和留住顶尖人才。

（3）鼓励公司的其他人专注于创新

通过举办商业计划竞赛，能清晰地识别和培养内部创业者，这可以改变企业文化，让每个人都留意观察并不断寻找那些可能会错失的机会。

如何开始

丹佛斯的商业计划竞赛被称为登月者竞赛。它旨在识别和培养内部企业家以及落实新的商业理念。这一切始于2004年，当时我一直在与负责丹佛斯风险投资的汉娜·阿里尔森（Hanne Arildsen）进行交流，她面临的挑战是：如何从在公司之外寻找优秀的商业创意，转向利用内部员工提出宝贵创意。汉娜喜欢我的想法：创建一个内部商业计划竞赛，将内部员工团队聚集在一起，让他们展示各自的商业想法，并由高级管理团队做出判断。

我想，在企业中引入成功故事来激励人们是很重要的。我的灵感来自约翰·F. 肯尼迪（John F. Kennedy），他当时提出如何在设定的时间段内登上月球。他在美国国会就此议题发表的演讲中，有一部分信息似乎特别恰当地反映了丹佛斯风险投资公司的情况：

我相信我们有一切必要的资源和人才。但事实是，我们从来没有做出全国性的决定，也没有为这种目标调动国家资源。我们从来没有按照紧急的时间表制定长期目标，也没有管理我们的资源和时间，以确保这些目标的实现。

在丹佛斯进行的第一次比赛并不容易，特别是我们决心在短短两个月内将想法变成行动。许多人质疑这家公司是否真的有足够多符合优秀内部创业者标准的人。还有些人说："我们应该花更多的时间，做更多的计划，但我们相信事情可能会发生得更快，并希望表明有可能在短时间内做出改变。"

今天，登月者竞赛已成为一年一度的活动。它非常成功地发掘了20多个具有数十亿美元潜力的积极创意。此外，竞赛对于公司发掘潜在的内部创业者非常重要。公司将从这里新发现的人才与竞赛中涌现的创意池相互融合，从而为其打造更具光明的前景。

惠普入局

受丹佛斯模式的启发，惠普的图像和印刷集团于 2006 年发起了自己的商业计划竞赛。该项目被称为“一触即发”。据该项目负责人比尔 • 瓦格纳（Bill Wagner）介绍，该项目旨在：

（1）在惠普全球员工队伍中推广创业精神；

（2）向惠普公司内部技术能力超凡的发明家们传授商业计划技巧；

（3）发现并确认有创业精神的员工；

（4）生成高质量的商业计划；

（5）推广“有效创新 = 技术创新 + 扎实的商业技能”的公司文化。

瓦格纳说，当他第一次推广“一触即发”活动时，并不容易，“惠普以前没有做过这样的事情，我花了一段时间才开始让这样的价值主张得到认可”。他说：“每个人都很忙，所以像这样的新文化倡议会被看作干扰。但是后来我得到了所需的支持，结果非常成功，这样获得第二届‘一触即发’比赛的支持就简单了许多。我们现在已经有了很好的历史成绩，我们的管理层也坚定地支持这个想法。”

诺维信在 2007 年发起了一场名为“内部创业者杯：敢于梦想”的商业计划竞赛。这项计划旨在开发新的颠覆性创意以及培养潜在内部创业者的技能。这场竞赛引起了来自诺维信公司世界各地的团队以及所有业务单元的强烈兴趣。

设计你的竞赛

虽然每个公司的商业计划竞赛都是独一无二的，但这 10 个步骤对于任何成功的竞赛都相当必要。

第一步：组建指导委员会。

该小组将负责竞赛的规划和执行，也负责确定竞赛的未来和战略方向。指导委员会应该由那些对该想法充满热情，并与主要人员和高管关系密切的人组成。如果他们愿意在规划和执行阶段卷起袖子大干一场也是最好的。人数最好是五到七人。

第二步：确定倡议目标。

明确你的目标。这能够帮助你管理公司领导和竞赛参赛者。你还必须明确你对参与者的期望，不仅在竞赛期间，赛后也是如此。

例如，在丹佛斯风险投资公司，我们期待选手们可以全力投入他们在比赛中提出的想法。但有些参与者是副总裁，已经承担了很重的工作任务，所以他们对亲自推广想法不感兴趣。在开始之前明确这些期望是很重要的。

第三步：定义比赛规模。

最好是从一个相对较小的项目开始，并计划在随后几年中扩大项目规模。从一个小项目开始试点，将使你快速让项目起步，而且它会让你更容易做出快速调整。

竞争的规模也会影响你管理期望的能力。你能推动多少个商业创意？如果你得到了五个不错的创意，但现有资源只能推动其中两个，会发生什么？提前考虑这一点将指导你确定比赛应该有多大规模。

第四步：想想比赛能为参与者带来什么，无论是获胜者还是其他参与选手。

你如何奖励参加商业计划竞赛的人？竞赛将如何帮助他们在公司更好地发展？你会给竞争者颁奖吗？你需要让所有参与者和获胜的团队明确他们可以获

得的利益。参加商业计划竞赛费时费力，面临的压力巨大，人们需要知道他们从参与中可以获得什么。

我参与项目的那些公司已经给予了相应奖励，比如一个月工资的现金奖励，或者参与者及其配偶能获得周末旅行。然而，最重要的回报是那些有助于推动职业发展的奖励。这可以从通过内部和外部媒体渠道进行全面报道开始，也可以为参与者提供加入内部创业者网络或项目的机会，最重要的是，参与者应该获得机会投入那些新商业创业的工作当中。

你应该列出参加这种学习体验所带来的隐性好处，包括你在比赛期间提供的所有能力培训，如团队合作、创新过程、演示技能和高风险项目的管理等。突出职业技能建设会有助于你的招募工作。

第五步：确定一个能激励人们参与的主题。

每个企业的文化都是不同的，你需要知道什么类型的信息可以提高公司员工的参与效率。提前制定沟通策略，利用这个主题，并告知人们竞赛对公司和参与者有哪些好处。

在丹佛斯公司的第一次比赛中，首席执行官提出了一个问题：如果石油价格超过 100 美元，参赛选手如何提出他们的商业创意。通常当你对创新施加某种约束时，会得到更好的结果。

第六步：制定比赛时间表。

在你安排比赛步骤时，要考虑与自家公司相关的任何时间问题，最好避开一年中关键事件发生的时间，因为这会使整个组织的人员难以抽出时间参与比赛。

你日程上的重要事件应该包括以下内容。

（1）发布比赛和开放报名阶段。

（2）向申请者划定截止日期。

（3）宣布选定的参与者。

（4）宣布比赛开始。

（5）半决赛——宣布将进入决赛面对评委会的选手。

（6）决赛——向评委会介绍决赛选手，挑选获胜者。

一般来说，比赛从开赛到总决赛结束会持续四个月，这样能使参加者有时间取得重大进展，同时保持专注。

第七步：建立招募程序。

你想招募什么样的人？你会使用什么程序来让人们申请？你如何从所有申请者中选择你邀请参加的小组？在宣传比赛之前，必须回答这些关键问题。

在我参加的比赛中，报名过程包括书面申请，以及由竞赛指导委员会成员和外部评委进行的访谈。识别潜在的内部创业者不是一个简单的任务，这需要训练有素的面试团队完成。团队成员能理解你在寻找什么，以及如何问问题来获得申请人的准确信息。记住，在这个阶段，你在找人，而不是找想法。

在书面申请和面试中，公司演讲中的通用问题都不起作用。所提的问题应该让申请人描述具体例子，说明作为个人，他们是如何取得某种成就，如何成为议程制定者，如何充满激情、奋发图强的。

需要考虑的一个因素是，你是接受个人申请还是团队申请。我强烈建议不要招募团队，因为这样一来，公司通常不得不做出很多妥协。例如，如果一个三人组成的团队提出申请，并且在这个过程中，你发现这个团队的一个成员没有你正在寻找的某个特质，那么你该怎么办？你是否会放宽你的标准，接受这个团队，以获得两个有那个特质的人？或者，如果一个团队带着一个既定想法来到你身边，你认为这也是个不错的主意，但你不认为团队成员完全符合你为比赛设定的标准，那么你该怎么办？再说一次，那时你会处于尴尬的境地，如果你最终做出太多妥协，你的主动性就会陷入困境。

另外，如果你招募了数名有强烈内部创业者特质的人员，然后组成团队，这些人通常会提出一个适合当前比赛的想法，而你不必在招募中做出任何妥协。

在最后，制定备选方案，以防招募工作未能如愿进行，这包括事先确定你想让其参加比赛的人，并亲自打电话给他们。如果他们不想自主参赛的话，要鼓励他们参赛。如果你必须采取这个方法，需要准备好相关答案，回答他们对于比赛的问题。

例如，有些人是因为觉得申请耗费较多时间而没有报名，一通简单的电话就能将他们拉回比赛。其他人可能担心比赛本身需要花费大量时间，还有一些人可能想知道他们是不是你想要的类型。对于这两个群体，你都要提前准备好答复。你需要明确一点：你不是在寻找合适的管理者，而是在寻找不同的人，或者那些具有某些特点的人，这会使他们成为优秀的内部创业者。

第八步：制定评价标准，评判参赛小组制定的提案。

除了制定评价标准之外，你还必须确定使用什么评价方法。例如，诺维信在 MTOR（市场、技术、组织和资源）模型中发现了许多灵感。MTOR 模型研究了市场潜力、技术可行性、资源需求和组织适应性等因素。总体印象是最后、也是最重要的一项标准。每项标准都需要根据其重要性进行评价和加权。对每项标准都提出问题，以确保评判小组成员都以同样的方式界定标准。

半决赛的标准应该有所不同，因为半决赛用来确保参与者的认真程度，并且保障取得进展。在这个阶段应该剔除不符合标准的小组。除了取得进步，你还应该关注进入中期比赛的选手的展示技巧，因为你不想带一个无法与最终裁判沟通的团队，而最终裁判是公司高管。

第九步：组织评委会。

通过展示你的商业计划竞赛获得公司领导层最高层人员的支持，以推进你的创新工作的总体目标，这样就是一个完美机会了。

联系你可以联系到的最高级别的人作为比赛评委。有这样难得的机会能够向公司高层展示选手们的才华，会帮助你在公司中最好、最轻松地开展招募工作。

如果你需要开展半决赛以选出进入决赛的选手，那么也需要组织半决赛评委会。在诺维信，他们让指导委员会和一些外部顾问做半决赛评委，让包括CEO在内的高管小组来担任决赛评委。

第十步：把教练安排就位。

在准备开始你的商业计划竞赛之前，你需要安排能够在竞赛期间指导团队的专家。你需要两种类型的教练。

（1）团队教练

这些人要了解团队所追求的想法。当参赛团队确定了他们的想法，并且得到指导委员会批准后（如果需要的话），指导委员会根据其对团队的理解、想法和公司内部的能力为团队指派教练。团队教练应该是内部人员，这样他们就可以了解与团队想法相关的其他正在进行的公司活动。教练应准备在比赛期间与参赛团队共度10 ~ 15个小时。

（2）能力教练

这些人擅长某些特定领域，如将新产品或服务推向市场、利益相关者管理和人脉建立、制定价值主张或处理财务问题等。团队应该能够选择他们认为合适的能力教练。此外，指导委员会应根据他们在甄选阶段了解到的团队情况提出建议。在一些比赛中，团队如有预算可以花在能力教练、市场调研或其他有助于团队发展的信息上。

建立开放式创新的机制

最后要考虑的重要步骤是外部伙伴的参与。作为内部活动，这些竞赛都非常成功，但想象一下，如果你能够组建由自己的员工以及来自客户和合作伙伴的外部人员组成的开放式创新团队，你会创造出什么？

如果你的公司能推动这类活动进行，你会有一个创新机制，它不仅可以非常有效地倾听客户和合作伙伴的外部生态系统的需求，而且能将这种投入转化为商业想法，并与关键合作伙伴建立更强有力的关系。是的，在这些情况下，知识产权是一个重要的问题，但控制竞争可使公司更容易根据自身利益设置和管理整个过程。最初引进外部人员可能让人心生担忧，但在许多情况下，参加商业计划竞赛的公司是全球性企业，它们已经成功地处理了管理全球项目所需的许多问题。

无论举办的是内部商业计划竞赛，还是涉及外部竞赛，你一定都会从全新的创新中得到回报，并且会识别一群训练有素的内部创业者，他们能够帮助你在未来几年里促成更多创新。

执　行

一旦你采取了所有这些步骤，就可以开始你的商业计划竞赛。执行阶段有三个关键时点：启动、半决赛和决赛。

1. 启动

你的商业计划竞赛正式开始。启动活动的内容是将选定的团队聚集在一起召开一个会议，告诉他们你希望从比赛中看到什么，以及你对他们的期望。启动活动的另一个关键目标是通过宣传开赛活动，在竞争对手以及整个组织内激发他们的积极性和热情。这些通常包括一天半至两天的活动。当然，在开始阶段你会自如地利用比赛主题，作为你组织活动的交流平台。

每个组织都对如何组织启动活动有自己的看法，但大多数都包括以下内容。

（1）向团队介绍竞赛将如何开展，可获得哪些资源及未来几个月公司对他们的期望。

（2）介绍团队成员和能力教练。

（3）开展团队建设练习，以提高团队凝聚力。

（4）努力在参与者中围绕创新和其他关键主题（如他们将创建的业务计划的要素）构建共同语言。

（5）提供重要的技能培训，以帮助参赛人员取得成功。

（6）高管参与竞赛，提升竞赛的重要性，引起公司对竞赛的关注与兴趣。

团队建设活动要挑战参与者的心态，让他们感受在应对不确定性和遇到意外障碍方面将要面临的事情。例如，在丹佛斯，我们进行了一次团建活动，团队成员在自己的办公桌上花一段时间处理某问题，然后交换办公桌，并处理另一个团队的解决方案。现在他们突然不得不面对意想不到的情况，就像那些经常出现在现实世界中的创新。

你希望团队能迅速融为一体。一些团队成员可能已经相互了解了，但或许还不足以应付未来几个月紧密合作的压力。在开始阶段就进行团队合作有助于在团队内建立起强大的纽带，而这是未来团队遇到困难时渡过难关的关键所在。

花时间构建共同语言也极其重要。这有助于确保参与者在达成比赛的使命和公司的期望结果方面与指导委员会保持一致。例如，在诺维信的商业计划竞赛启动阶段，一直与该公司合作采用 MTOR 模式的一名顾问向竞赛参与者作了介绍，以帮助他们理解在共同工作中考虑这些关键因素的必要性。

启动项目的技能培训部分应该是整个竞赛学习项目的开始。在选择能力教练时，你应该已经发现了参与者在竞赛的不同阶段需要掌握的不同技能。例如，考虑让每个教练在开场时做一个演示，关注代表性技能，包括价值主张、电梯游说、使用内部和外部关系，以及演示等。

而在第二届之后的竞赛中，可以考虑在竞赛前安排一个会议，让之前的参赛者向新选手们提供经验、建议。你也可以要求去年的冠军团队在决赛中做演示，以便让今年的参赛者了解获奖标准。

作为启动活动的准备，指导委员会还应评估团队最初的商业创意。这个讨论包括从公司角度考虑这些创意，并将一些小组可能还不了解的信息提供给他们。例如，委员会可能会审查他们如何与组织中的其他事情相匹配，也可能会考虑这个创意是否曾经多次尝试过，但从未奏效。此外，团队能力应该也是一个重要评估部分，此外还需要考虑的问题是团队能否兑现承诺。

基于此讨论，团队可能会被要求回去寻找新的创意。例如，诺维信某个团队被要求去找到另一个创意，因为最初创意的市场规模很小，并已经在这个领域做了大量工作，但没有取得多大进展。显然，在开始活动之前，应该考虑这些问题。

2. 半决赛

开赛后，各队共同开发商业创意。为了确保他们做了必要的工作并能坚持下去，你希望开展中期评估。在中期评估中团队会有被淘汰的风险。这个活动为团队提供向不同教练学习的机会。

在为期两天的活动中，半决赛可能会在第一天进行团队创意演示排练，然后在第二天进行实际演示。你选择的评委团会对演讲做出评估，然后可能决定在这个阶段淘汰一些团队。目前主要的焦点应该是团队是否能够回答这个问题："为什么这是一个令人信服的想法"。在这个比赛阶段，他们应该能够迅速和有效地做出反应。在竞赛中通常会有四五个团队，半决赛后，应该削减到三个团队，以保持一定的竞争力，并为决赛评委团的高管找到高质量的团队。

此外，你需要对事件进行内部宣传，使整个组织了解竞赛。这可能是与公司新闻部门合作的好机会，因为这样可以共同报道参赛小组的故事。这些故事可以大力鼓励其他员工在未来几年参加竞赛。

在帮助提高竞赛的积极性方面，你可以在半决赛和决赛时举行公开演讲，以发掘感兴趣的员工。这种想法可能不适用于保密程度不同的公司，但在可能的情况下，应当予以考虑。允许观众向团队成员提问，特别是在半决赛。这种提问可以帮助团队提升其陈述的内容，甚至进一步改进他们的想法。

3. 决赛

半决赛后，各小组会继续研究他们的想法，并介绍这些想法，直到最后完成。在决赛中各小组向执行评委所作的陈述通常时长20分钟，而评委通常需要一个小时或更长时间来讨论创意并投票表决。

一旦冠军出炉，就是庆祝他们成功的时候了，无论是在决赛中，还是在内部甚至外部宣传中。事实上，所有的团队都应该为他们在比赛中所付出的辛勤努力而感到自豪。这种社会认可在激励他人参加下一次竞赛中扮演着重要的角色，甚至可以成为一个强大的招募工具。例如，丹佛斯风险投资公司位于丹麦某个偏远地区，因此对于他们来说招募参赛选手总是一个挑战。他们在一整页的竞赛招募广告中，都在宣传他们的创新能力，此外，员工在这个公司工作有机会去尝试、去成长。

赛后决策

商业计划竞赛后做出的决策非常重要。你的主要短期和长期决策应该包括：

（1）如何落实竞赛中产生的创意，特别是冠军团队的创意？

（2）从这一刻开始，竞赛团队将扮演什么样角色？他们是否有机会继续共同努力，使他们的想法成为现实？还是能够参与到其他创新项目中？

（3）你将如何利用竞赛期间形成的关系和友情？你是否能建立人才库或内部网络，以提供网络和学习机会？这些资源是否应该向合格的申请人开放，包括那些没有参加竞赛的人？

如果你亲身经历过这个过程，而且由高管组成的评审团也致力于实现创意，那么你应该从竞赛中走出来，建立一个平台，使这些想法成为现实。

此外，由组织竞赛的公司来决定是让竞赛团队将想法向前推进，还是将其交给其他人。一些公司选择将参赛团队纳入人才库，其成员可以与公司任何地方产生的创意相匹配。作为内部创业者，他们一边等待一个适合他们牵头的项目，一边继续承担目前的工作。

本章要点

（1）企业商业计划竞赛可以帮助企业增加收入，提高利润，促进招聘工作，鼓励全企业关注创新，并为参加外部比赛培养团队。

（2）组织竞赛的关键步骤是：

- 组建指导委员会；
- 制定目标；
- 确定比赛规模，明确参与者可从中获得什么；
- 制定时间表和招募程序；
- 确定一个鼓舞人心的主题；
- 确立评判标准，选择评委；
- 确定团队和能力教练。

（3）用激动人心的启动活动介绍你的竞赛。

（4）用半决赛来缩小选择创意的范围。

（5）确保公司高管能够担任决赛评委。

（6）做出重要的赛后决策，包括：

- 如何推动来自竞赛的创意，特别是冠军团队的创意如何落地？
- 从这一刻开始，竞赛团队将扮演什么角色？
- 你将如何利用竞赛期间形成的关系和友情？

第四部分　回顾章节要点

把所有章节的要点都集中在这一部分里，这样你就可以很轻松地定期回顾你在成为最佳创新领导者或内部创业者道路上的表现。祝你旅途好运。如果对本书中所写的主题有想法或疑问，请写邮件发送至 Stefan@intra.com。我期待有机会与你就作为创新领导者或内部创业者所面临的挑战交换意见和看法。

第 1 章　为什么开放式创新很重要

（1）全球经济全天候运行，知识透明度日益提高，推动着开放式创新的发展。

（2）整合内、外部资源，实现开放式创新。

（3）开放式创新应该成为每个企业的热门话题，因为开放式创新能够整合内、外部资源，提高创新生产力和创新能力，这是不容忽视的价值主张。

（4）在开放式创新世界中，有胜利者、竞争者和伪装者，多达 60% 的企业属于伪装者。

（5）要想脱离伪装者行列，加入竞争者行列，你必须完成这些事情：

- 明确企业进行开放式创新的原因。只有当这些原因与企业整体战略相符时，开放式创新才会发挥作用。
- 定义开放式创新。
- 记住你的员工。这种范式的转变要求员工改变思维方式，获得新技能。

第 2 章　开放式创新是什么样子

（1）开放式创新的形式大相径庭，因企业而异。

（2）开放式创新通过在整个创新过程中整合内、外部资源，实现创新。

（3）开放式创新形式多样，其真正区别在于外部伙伴、客户或供应商的参与程度。

（4）开放式创新涉及将外部伙伴纳入整个创新过程。

（5）用户驱动型创新与开放式创新密切相关，但必须进一步引导外部伙伴参与整个创新过程才能成为开放式创新。

（6）用户驱动型创新和开放式创新可以成为一种强有力的结合。

（7）开放式创新的主要好处：

- 加快新产品和新服务的开发速度，从而增加收入，扩大市场份额；
- 缩短新产品和新服务的上市时间，加快获利；
- 减少直接研发支出；
- 提高新产品和新服务的成功率。

（8）在走向开放式创新之前，必须回答三个基本问题：

- 开放式创新对你的商业模式有何影响？
- 你的组织架构将如何改变以适应开放式创新？
- 开放式创新对于你作为经理或领导意味着什么？

（9）信任是开放式创新的根本。

（10）建立信任是开放式创新取得成功的基础，其必要性意味着，关注创新当中人的层面比关注流程更为重要。同时开放式创新也能给真正推动企业创新的人带来更多的力量。

第3章　如何进行开放式创新

（1）要明确企业尝试开放式创新的原因，你需要认识到开放式创新是总体创新战略的重要部分，而总体创新战略又需要与企业总体战略保持高度一致。

（2）开放式创新带来的范式转变要求人们改变思维方式，并获得新技能。

（3）创新不仅应该围绕核心产品和服务，还应该涉及尽可能多的业务部门，包括但不限于研发部和市场营销部。

（4）开放式创新的要素包括：

- 培养能够管理客户关系和合作伙伴关系的人才；
- 接受并非所有人才都在你的部门甚至你的公司工作这一事实，愿意在企业内、外部寻找人才并开展合作；
- 愿意帮助员工了解通过创意或技术实现盈利的方法，包括开发轮岗计划，甚至鼓励合作伙伴和客户参与其中；
- 理解失败是一种学习机会，并愿意奖励不怕失败、努力学习的员工；
- 摒弃 NIH 综合征（“非此创造”综合征）；
- 愿意在内、外部研发之间实现平衡；
- 愿意承担风险，而不是规避风险，同时运用常识来平衡风险；
- 接受开放式创新会引起知识产权问题这一事情，你的法律团队要可攻可守。

（5）开放式创新需要开放式沟通。围绕保密和知识产权问题开展工作，以创造一个建立在信任基础上的环境。

（6）不需要总是争当第一。建立一个更好的商业模式比率先进入市场更有利。

（7）开放式创新不仅需要不同的思维方式，还需要新技能，包括：

- 运用整体视角——X 视野；
- 建立关系网络；
- 发表有效的电梯演说；
- 管理利益相关方。

第 4 章　要事第一

（1）你只有 1.5 次机会做好开放式创新，因此必须认真准备。

（2）在开展开放式创新项目之前必须落实的关键要素包括：

- 明确的权限、强大的战略目标和创意主题；
- 利益相关方分析；
- 沟通策略；
- 关于企业创新的共同语言；
- 实现 TBX（自上而下、自下而上和跨部门的）组织方式；
- 采取这样一种态度：努力“成为”创新，而非努力“变得”创新。

（3）你的开放式创新授权应该做到：

- 明确创新团队的资源和权威；
- 明确处理潜在冲突的方法；
- 鼓励利益相关方在高管不参与的情况下解决诸如资源分配和工作强度等问题。

（4）确保你的战略目标能回答员工的关键问题：“这对我有什么好处？”

（5）为创意生成活动设立一个范围或主题，在符合企业创新目标的领域促进创意的生成。

（6）除 TBX 外，再引入 O（外部）因子。

（7）通过实际项目构建企业的创新 DNA，以使所有利益相关方相信他们的投入是受到重视的。

（8）通过分享相关故事让员工相信你的企业拥有创新精神。

第 5 章　如何识别及培养开放式创新人才

（1）要想实现创新，人才比创意更重要。

（2）企业需要两种不同类型的人来开展创新项目：

- 创新领导者从事战略与策略层面的工作，发展组织创新能力所需的内部平台；
- 内部创业者从事业务层面的工作，将创意和研究转化为推动业务发展的产品和服务。

（3）在寻找优秀创新领导者和内部创业者时，应寻找激情澎湃、动力十足的乐观主义者，有好奇心并相信变革的人，同时寻找那些有社交天赋、沟通能力强、能够应对不确定性的人。至于创新领导者，还要寻找有大局观的人。

（4）为了找到合适的人才，你应向应聘者提出以下问题，以便了解他们的特质：

- 他们在专业领域能否跟上最新变化；
- 他们如何克服障碍并取得成功；
- 他们是否开明，是否拥有戒备心并且斗志满满；
- 他们的思维在多大程度上以客户为导向；
- 他们是否能够利用自己的基本技能拓宽自身的创新视角。

第6章　社交创新文化

（1）社交文化是创新文化的关键部分，其渴望变得愈加开放，愈加外向。你的企业需要制定合适的战略，在组织内建立社交专业知识。

（2）即使企业并没有使用开放式创新模式，但是在全球大环境中工作，员工也需要知道如何与偏远地区的人建立联系。

（3）社交文化有：

- 明确说明人们需要发展维护内部和外部关系的战略原因；

- 领导者对社交的投入；
- 与企业文化紧密联系的社交活动；
- 频繁的线上及线下活动，让人们提高自身个人社交技能；
- 密切关注组织中三种类型的社交，分别是中央联络人、中间人和外围人；
- 部署 Web 2.0 应用程序以促进内部和外部的社交。

（4）为了使面对面社交的效果最大化：

- 缩短时间、提高频率；
- 将会议变成创意平台；
- 帮助经理关注大局，避免他们因担心员工社交影响工作而制造障碍；
- 在有益于创意市场的创意上做出快速决定；
- 使用维基网站风格的项目站点来实现现实和虚拟的结合。

（5）建立社交文化时避开以下障碍：

- 时间或技能不够；
- 缺乏重点、投入、结构和沟通；
- 糟糕的看门人；
- 孤立隔绝。

第 7 章　为什么高管不理解创新，更不用说开放式创新，这该如何应对

（1）高管往往成为创新的主要障碍，因为他们：

- 关注的是短期收益；
- 错过了创新教育；
- 规避风险；
- 是控制狂；

- 缺乏 X 视野；
- 不理解社交文化的重要性；
- 在创新方面脱离实际工作。

（2）你可以通过以下方式克服这些障碍：

- 挑战并拓展高管的思维方式；
- 帮助他们理解并接受为什么创新战略和整体企业战略要紧密联系；
- 了解高管的真正关注点；
- 利用企业沟通的力量；
- 实现多个小目标，不要同时启动太多创新项目。

第 8 章　击败企业反抗分子

（1）因为变革会让许多人害怕，所以创新带来的变革可能常常会使企业出现大量反抗分子。

（2）企业反抗分子最有可能在创新的孵化阶段和加速阶段出现。

（3）你可以通过以下方式应对企业反抗分子：

- 让人们成为支持者而不是反对者；
- 低调行事；
- 建立合适的框架和过程；
- 给予创新委员会高度自主权。

（4）利益相关者管理是对付企业反抗分子的一大关键。你应该：

- 列出所有利益相关者并让他人了解；
- 与利益相关者沟通。

第 9 章　激进式创新变成障碍

（1）处于建立创新能力早期阶段的企业，如果追求激进式创新，可能会“贪多嚼不烂”，因为：

- 要取得成果可能需要很长时间；
- 在多数组织中，任何级别的领导者都极少有人在激进式创新方面拥有成功经验；
- 规避风险的高管更容易接受那些介于渐进式创新和激进式创新之间的项目；
- 通过收购初创企业并将其整合到自己的企业中，更容易实现激进式创新；
- 市场领先的企业宁可谨慎行事，也不可自相残杀、自我改造。

（2）为了实现激进式创新，企业必须：

- 在企业战略中为激进式创新提供空间，并有充足时间实施这一战略；
- 拥有能够落实激进式创新项目和流程的合适人才。

第 10 章　定义成功

（1）为了充分履行你作为创新领导者的职责，你必须定义成功，知道如何做出改变，确定你的价值观，管理关系和时间，以及正确传达信息。

（2）你取得成功的关键途径包括：

- 追随激情；
- 设定个人愿景，然后确定能帮助你实现这一愿景的目标；
- 找到那些能帮助你实现愿景的人，并与他们建立互利关系；
- 重视你的 T 形，并跟上影响你个人愿景和目标的外部变化；

- 建立并传播你的个人品牌和信息；
- 管理时间。

第 11 章　了解你的价值观

（1）你能否取得成功与你是否拥有一套明晰的价值观有关，这些价值观能推动你在工作和个人生活中做出选择。

（2）花时间思考并定义你的价值观至关重要。

（3）让你的价值观与你所在公司的价值观保持一致。否则，你将被迫在工作中扮演别扭的角色，几乎没有机会实现你的职业目标。

（4）以符合价值观的方式过好每一天，这能为你的成功铺平道路。

第 12 章　实现变革

（1）你是否能够改变职业轨迹取决于两个因素：

- 你如何看待自己和别人如何看待你；
- 你的人脉。

（2）如果存在认知不平衡，你可以通过以下方式改变：

- 意识到并承认问题，并承诺做出改变；
- 了解推动和拉动在改革中的区别；
- 设定目标和优先次序；
- 在你的变革行动中建立互信，向关键利益相关者传达你的目标，并开始改变他人对你的看法；
- 创建程序来推动变化。

第13章　管理时间

（1）定期花点时间思考如何安排时间；确保你分配宝贵资源的方式能够在最大限度上帮助你走向成功。

（2）控制你的时间，不要让别人代替你完成这项工作。

（3）牢记帕金森定律，确保你花费的时间不会比实际需要的时间更长。当把工作委派给别人时，要意识到他们也会花费分配的全部时间来完成任务，所以要设定一个可实现但严格的时间节点。

（4）使用80/20规则来评估你从哪些事情中获得了最大价值。记录那些对你成功帮助不大的事情，外包给其他人，甚至直接放弃。

（5）利用自我反思的力量；每周至少留出一小时，深入思考一个特定的问题。

第14章　打造你的个人品牌

（1）每个人都有自己的个人品牌；把控好你的个人品牌形象会带来自由和机会，这是你实现目标所必需的要素。

（2）分析、了解那些激励你的榜样，思考你可以把他们的哪些方面加入你的个人品牌中。

（3）创建个人品牌的两个关键步骤是首先建立品牌，然后将它传播出去。

（4）确定你的个人品牌表述，确立你的战略目标，分析你的价值观和特点，从你周围的人那里获取你的品牌信息，检查你的数字足迹，并确定你的特殊贡献。根据这些信息，你可以建立一个品牌声明，以作为个人电梯游说的底稿。

（5）通过关注竞争对手和对你造成影响的对象，了解你的个人品牌所运行的环境。

（6）表现、写作、演讲和社交是传播个人品牌的关键工具。

第 15 章　强化你的社交网络

（1）接受现实，在当今的商业世界中，网络是成为创新领导者的关键工具。

（2）选择与你感兴趣的问题相关，同时也提供了商业机会的社交机会。

（3）发展业务网络、个人社交网络和战略网络。

（4）先梳理目标，再去发展关系。

（5）意识到做一个内向的人并不妨碍你成为一个优秀的“社交人”。

（6）利用六度分隔的力量，为社交网络增添重要的人。

（7）使用虚拟工具来扩展你的社交范围。

（8）分析个人网络情况，规划如何去利用现有社交网络的力量，同时树立目标来加强你的人脉。

第 16 章　推广你的愿景和理念

对于创新领导者和内部创业者来说，熟练地制定价值主张和开展电梯游说至关重要。

（1）一个良好的价值主张要基于现实，而不是夸大宣传。同时要提供与产品有关的所有重要信息，而不是全部信息。

（2）电梯游说是指产品、服务或项目的概要介绍，可以在 60 秒内完成。

（3）要持续在需要接触的利益相关者身上做足功课，这样当你有机会接触到他们时，你将有充分的信息储备可以用来沟通。

（4）当与利益相关者会面时，适当介绍自己，描述重点，使介绍具有针对性，然后说明你的产品的作用，以及与其他产品有何不同点。

（5）知道如何恰当地结束谈话，并确保及时跟进承诺事项。

第 17 章　企业商业计划竞赛

（1）企业商业计划竞赛可以帮助企业增加收入，提高利润，促进招聘工作的开展，鼓励全组织关注创新，并为参加外部比赛培养团队。

（2）组织竞赛的关键步骤是：

- 组建指导委员会；
- 制定目标；
- 确定比赛规模，明确参与者可从中获得什么；
- 制定时间表和招募程序；
- 确定一个鼓舞人心的主题；
- 确立评判标准，选择评委；
- 确定团队和能力教练。

（3）通过各种激励活动介绍你的竞赛。

（4）用半决赛来缩小选择创意的范围。

（5）确保公司高管能够担任决赛评委。

（6）做出重要的赛后决策，包括：

- 如何推动来自竞赛的创意，特别是冠军团队的创意如何落地？
- 从这一刻开始，竞赛团队将扮演什么角色？
- 如何利用竞赛期间形成的关系和友情？

附录 A

十种创新类型

创新类别	创新类型	类型描述	商业案例
财经	1. 业务模式	赚钱方法	戴尔彻底改变了个人电脑业务模式，即在消费者个人电脑组装和发货前收款（净正周转资金为 7~8 天）
	2. 网络和联盟	与其他公司合作互利的方法	消费品公司 Sara Lee 意识到其核心竞争力在于消费者洞察力、品牌管理、营销和分销。因此，该公司将大部分制造业务从主业务中剥离，并与制造业和供应链合作伙伴结盟
过程	3. 确保流程运转	支持公司核心流程运转与支持员工发展的方式	星巴克在向顾客提供体验的同时，销售咖啡获利，因为它为店员提供比同类公司更具竞争力的薪酬和就业福利。星巴克员工通常是兼职员工，受过教育，拥有专业特长，并且反应敏捷
	4. 核心流程	开发产品，并使之增值的方式	沃尔玛一直通过创新核心流程增加利润。流程包括实时库存管理系统、与商品供应商签订积极的批量 / 定价 / 交付合同等，这些创新使店长能够识别买家行为中发生的变化，并通过重新定价和改变商品配置快速响应
产品	5. 产品性能	如何设计核心产品	大众甲壳虫（原版和最新版）通过结合多维度的产品性能，迅速占领市场
	6. 产品系统	如何连接和建立提供多产品的平台	微软 Office 软件捆绑了各种特定产品 (Word、Excel、PowerPoint 等）。该系统能提高工作效率
	7. 服务	如何围绕产品或其衍生品为客户和消费者提供价值	任何航空公司的国际航班都能载你到目的地。然而，在新加坡航空公司的航班上，你几乎会忘记自己是在飞行。在这里，你可以享受到起飞前后最贴心、最周到和最舒适的服务

续表

创新类别	创新类型	类型描述	商业案例
交付	8. 渠道	如何将产品推向市场	抛开法律问题，玛莎·斯图尔特十分了解顾客，她知道在哪里（商店、电视节目、杂志、网上等）可以通过一系列小小的居家教育和产品供应推动巨额销售
	9. 品牌	如何推广商品	绝对伏特加（Absolute Vodka）凭借“主题和变化”的宣传理念、强大的酒瓶和包装设计，以及呈现出的北欧风格打败了其他伏特加品牌
	10. 客户体验	客户与公司、产品互动时的感受	哈雷－戴维森（Harley-Davidson）创建了一个由数百万客户组成的全球社区。该社区中，许多人认为哈雷－戴维森的所有者是他们自己能够从根本上看待、思考和感受的一部分

附录 B

开放式创新范例和来源

这是我在写作《开放式创新实践》这本书的过程中发现的有用案例和其来源的列表。我希望它也能够帮助到你。如果你发现有遗漏之处，请告诉我。

企业网站——开放式创新和类似众包的举措实例：

3M 未来创意（德语）

www.zukunft-innovation.com

宝马虚拟创新机构

www.bmwgroup.com/via/

坎贝尔的创新理念

www.campbellsoupcompany.com/ideas/

思科 I 奖项

www.cisco.com/web/solutions/iprize/index.html

克罗克斯连接器

clorox.hivelive.com/pages/home

Colgate-Palmolive

www.colgate.com/app/Colgate/US/Corp/Innovation. srv

戴尔创意风暴

www.ideastorm.com

DSM 许可证

www.dsm.com/en_US/html/dlc/home_dlc.htm

爱立信实验室

labs.ericsson.com

通用磨坊全球共赢计划

openinnovation.generalmills.com

葛兰素史克

innovation.gsk.com/gsk/ctx/noauth/PortalHome.do

好时的创意作品

www.hersheys.com/contactus/ideas/

惠普实验室开放创新办公室

www.hpl.hp.com/open_innovation/

IBM 协作困境

www.collaborationjam.com

华为

www.huawei.com/partners/seeking_partners.do

直觉协作

www.intuitcollaboratory.com

直觉实验室

intuitlabs.com

江森自控开放式创新

www.johnsoncontrols.com/publish/us/en/products/automotive_experience/open_innovation.html

卡夫—创新与卡夫

brands.kraftfoods.com/innovatewithkraft/region.aspx

LG

www.lgtce.net/33+M52087573ab0. html

美敦力

www.medtronic.com/innovation/idea-submission/index.html

雀巢

www.nestle.com/NestleResearch/GlobalRnD/OpenInnovationAndPartners/OpenInnovationAndPartners. htm

奈飞奖

www.netflixprize.com

诺基亚

research.nokia.com/openinnovation

宝洁 连接 + 发展

www.pgconnectdevelop.com

百事清新项目

www.refrescheverything.com

飞利浦

live.philips.com

思爱普

www. sdn. sap. com/irj/scn

思爱普—人类简史（德语）

www.sapiens.info/

莎莉集团

www.openinnovationsaralee.com/Pages/Home.aspx

壳牌变革者游戏

www.shell.com/home/content/innovation/bright_ideas/game_changer/

西门子

www.siemens.com/innovation/en/about_fande/cooperations.htm

星巴克—我的星巴克创意

mystarbucksidea.force.com/home/home.jsp

联合利华

www.unilever.com/innovation/collaborating/

惠好公司

www.growingideas.com/#/innovation/

开放式创新中介机构和平台

Big Idea Group

www.bigideagroup.net/

Chaordix

www.chaordix.com

EdisonNation

www.edisonnation.com

Exnovate

www.exnovate.org/

Hypios

www.hypios.com

Ideas4All

www.ideas4all.com

IdeaConnection

www.ideaconnection.com

IdeaWicket

www.ideawicket.com

InnoCentive

www.innocentive.com

InnoGet

www.innoget.com

MillionBrains

www.millionbrains.com

NineSigma

www.ninesigma.com

Pharmalicensing

pharmalicensing.com

TekScout

www.tekscout.com

Topcoder

www.topcoder.com

Yet2.com

www.yet2.com

Your Encore

www.yourencore.com

开放创新软件

Fellowforce

www.fellowforce.com

Imaginatik

www.imaginatik.com

Spigit

www.spigit.com

InventionMachine

www.inventionmachine.com

Inno 360

inno-360.com

开放创新会议

Open Innovation Conference by Marcus Evans

www.marcusevans.com/html/eventdetail.asp?EventID=16381&ad=openinnov2010&SectorID=19

CoDev—Co-Development and Open Innovation

events.roundtable.com/codev/

Open Innovation Summit

www. worldrg.com/showConference.cfm?confCode=MW10004

媒体、资源和工具

Alltop

alltop. com

布莱登·凯利的博客创新

www.business-strategy-innovation.com/innovation-blog.html

商业周刊

www.businessweek.com

金融时报

www.ft.com/home/europe

哈佛商业评论

hbr.org/

查克·弗里的创新工具

www.innovationtools.com

领英

www.linkedin.com

麻省理工学院斯隆管理评论

sloanreview.mit.edu/

TweetDeck

www.tweetdeck.com